Wahrheit heilt

Titel der Originalausgabe
Truth Heals
© 2009 by Deborah King
Herausgegeben von Hay House Inc., USA, 2009

Hay House Rundfunksendungen unter: **www.hayhouseradio.com**

Deborah King: Wahrheit heilt	Übersetzung: Susann Willmore
© J. Kamphausen Verlag &	Lektorat: Claudia Stein
Distribution GmbH, Bielefeld 2010	Umschlaggestaltung,
Projektleitung: Marianne Nentwig	Typografie/Satz: Wilfried Klei
info@j-kamphausen.de	Druck & Verarbeitung:
www.weltinnenraum.de	Westermann Druck Zwickau

1. Auflage 2010

Bibliografische Information der Deutschen Nationalbibliothek

Die Deutsche Nationalbibliothek verzeichnet diese
Publikation in der Deutschen Nationalbibliografie;
detaillierte bibliografische Daten sind im Internet
über **http://dnb.d-nb.de** abrufbar.

ISBN 978-3-89901-325-2

Deborah King

Wahrheit heilt

Was Sie verbergen, kann Sie verletzen

Wahrheit heilt sagt uns präzise,
wie Heilung geschehen kann.
Deborah King ist eine ebenso
begabte wie mutige Heilerin.

Dr. med. Christiane Northrup

Ich möchte gern all
diejenigen würdigen,
die im Laufe der Jahre
meine Hilfe gesucht
haben: in meiner
Praxis, in den
Workshops und
auf öffentlichen
Veranstaltungen.
Ihr Glaube daran, dass
es möglich ist – trotz
der Vergangenheit –
ein erfülltes Leben
zu führen, und Ihr
Vertrauen in die eigene
Wahrheit geben diesem
Buch seine Seele.

Die Wahrheit ist wie die Sonne.

Du kannst sie zwar für eine Weile ausblenden,

aber deswegen geht sie noch lange nicht weg.

Elvis Presley

Einführung

Auf einem Aufkleber am Heck eines Wagens vor mir stand:

*In einer Welt des Betrugs ist das Aussprechen der Wahrheit
ein revolutionärer Akt.*

Die Wahrheit heilt. Aber wie? Und was sollten wir davon haben?
Eine ganze Menge.

Die Wahrheit zu sagen, bedeutet Freiheit. Es geht um Freude,
um inneren Frieden, um Gesundheit und um ein Leben, das sinnvoll, stark, mit anderen verbunden und liebevoll ist. Letztlich geht
es beim Aussprechen der Wahrheit darum, sich in seiner eigenen
Haut wohl zu fühlen, unbelastet und frei, und genau das Leben zu
führen, das man führen will.

Warum kommt es uns dann oft so vor, als wäre es netter, sau-
berer und leichter zu lügen?

Die Wahrheit ist oft sehr unangenehm – so viel Scham und
Schuld sind damit verknüpft und jahrelang wurde sie unterdrückt
und nicht ausgesprochen.

Die Wahrheit ist eine so gewaltige Kraft, dass sie danach
drängt, erkannt zu werden, auf welche Weise auch immer. Ver-
gräbt man sie, bahnt sie sich einen Weg an die Oberfläche. Das
Verleugnen oder Verdrängen der Wahrheit wird sich als Krankheit,
gestörte Beziehungen oder finanzielle Probleme äußern. Die
Wahrheit lässt sich nicht totschweigen oder unterdrücken.
Vielleicht braucht man dafür ein Leben lang, aber die Wahrheit
setzt sich immer durch. Wie jeder gute Detektiv Ihnen sagen kann,
erzählen sogar Tote Geschichten.

Ich bekomme stündlich mindestens fünfzehn verzweifelte Nachrichten von Menschen, die dringend um Hilfe für ihre Probleme bitten. Wenn sie sich an mich wenden, waren sie bereits bei zahllosen Ärzten, haben sich diversen Behandlungen unterzogen, Unmengen von Medikamenten eingenommen oder was auch immer. Oft stehen sie kurz vor dem Zusammenbruch; sie leiden unter großen körperlichen oder emotionalen Schmerzen. Die Wahrheit der Vergangenheit brennt in ihnen, als stünde ihr Haus in Flammen. Aber das wissen sie nicht. Sie glauben, dass sie sich irgendeine schlimme Krankheit oder einen Virus „eingefangen" haben; sie glauben, dass sie zu einem Leben in Leid und Elend verdammt sind.

Wir können keine Lüge leben und gleichzeitig inneren Frieden verspüren. Wahrer Frieden und wahre Freude sind ein Ausdruck dafür, dass wir unsere persönliche Wahrheit leben.

Wie meine Geschichte und die Geschichten von Tausenden, die ich behandelt habe, zeigen, ist alles, was uns passiert, in unserem Körper und den Energiefeldern, die ihn umgeben, gespeichert. Letzten Endes sind wir nur dann heil und gesund, wenn sich ein Mensch als Einheit von Körper, Geist und Seele der Wahrheit stellen will; sie braucht und dafür bereit ist. Selbst wenn er die Wahrheit sein ganzes Leben lang unterdrückt hat, kann ein Mensch, der gewillt ist, schmerzliche Geheimnisse loszulassen, sich selbst, seine Familie und sogar eine ganze Nation heilen. Was uns letztlich rettet, ist das, von dem wir sicher waren, dass es uns umbringen würde – die Wahrheit.

Ich hörte einmal eine Geschichte über einen Stamm australischer Ureinwohner, die eine Heilungszeremonie durchführen, wenn jemand im Dorf krank geworden ist. Der Mensch, der hohes Fieber hat, ein Magenleiden, Depressionen oder eine Lungenentzündung, sitzt in der Mitte eines Kreises aller Dorfbewohner. Diese fordern den Kranken auf, all das auszusprechen, *was bisher ungesagt blieb*, indem er sich direkt an die Personen wendet, die ihn verletzten oder die er selbst mit Worten oder Taten gekränkt hat. Was lag ihm auf dem Herzen, was nie mitgeteilt wurde? Welche Träume hat er verdrängt? Der Kranke spricht seine Wahrheit aus. Die Dorfbewohner hören ihm zu und würdigen das, was gesagt wurde – sie sitzen im Kreis um die Person, die leidet, bis sie wieder gesund ist.

Dieser Stamm weiß, was wir als gesamte Kultur vergessen haben: *Die Wahrheit heilt.*

Mein Leben voller Lügen

Als Kind hatte ich keinerlei Bezug zur Wahrheit. Meine Eltern haben mich dazu erzogen, zu lügen und die Lüge zu leben. Mein Vater war warmherzig, zärtlich und liebevoll. Jede Nacht tröstete er mich, sprach mit mir und war für mich da. Ich kann mich noch sehr gut an seinen Geruch erinnern: Er roch nach frisch gebügelten Hemden, Whisky und Zigaretten. Daddys Hände liebkosten und streichelten mich, aber nicht immer auf eine gesunde Art. Unsere Beziehung hatte eine dunkle Seite – eine Seite, die ihn dazu brachte, mir immer wieder einzuschärfen: „Erzähl das nur niemandem! Sag niemandem etwas davon!" Man brachte mir bei, Geheimnisse zu bewahren, was eine schreckliche Last war, besonders für ein Kind. Kinder wissen, dass Geheimnisse gefährlich sind. Sie wissen, dass Geheimnisse sie selbst und diejenigen, die sie lieben, verletzen können.

Manchmal marschierte der Böse Daddy über den Flur und kam in mein Zimmer. Das war unser Geheimnis, das unausgesprochen, verdrängt, verborgen blieb. Ich lernte das, was ich später bis zur Perfektion beherrschen sollte – die Kunst, etwas in mich hineinzufressen und die Wahrheit nie auszusprechen. Im Alter von drei oder vier Jahren war jede Zelle meines Körpers, meines Geistes und meines Seins mit der Gewohnheit zu lügen durchtränkt.

Auch meine Mutter lehrte mich, die Wahrheit zu verleugnen und trug so das ihre dazu bei, aus mir eine äußerst geschickte Lügnerin zu machen. Sie sah einfach darüber hinweg, was sich zwischen mir und meinem Vater abspielte. Weil ich solche Angst vor ihr hatte, lernte ich zu lügen, um sie nicht zu verärgern. Ich lernte auch, wie ich hinter meinen Lügen verschwinden konnte.

Als Teenager erzählte ich allen, dass ich aus einer liebevollen Familie kam, dass meine Mutter mich liebte und dass ich ihr am Herzen lag. Tatsächlich aber hasste sie mich. Das galt übrigens nicht für meinen Bruder, denn er war schließlich keine Frau. Mutter hasste ihre eigene Weiblichkeit und projizierte diesen Hass auf mich. Natürlich konnte ich das als Kind nicht erkennen. Ich wusste nur, dass ich in ihren Armen niemals Trost, Liebe und Verständnis gefunden hatte. Ich kann mich an keinen einzigen Augenblick erinnern, in dem sie mich hielt, mich küsste oder zärtliche Worte zu mir sprach.

Wenn wir lange genug lügen, *werden wir zu dieser Lüge*. Ich wurde so gut darin, dass ich gar nicht mehr merkte, wenn ich es tat. Ich konnte zwischen Wahrheit und Lüge nicht mehr unterscheiden. Ich hatte gelernt, dass es nicht sicher war, die Wahrheit zu sagen. Tatsächlich sollte man die Wahrheit weder sehen noch fühlen oder hören.

Als ich dann in meinen Zwanzigern war, trug ich die Lüge wie ein wunderschönes Kleid. Wie mein Vater war ich Anwältin geworden: verheiratet, kultiviert, erfolgreich. Alle sahen in mir die perfekte Traumfrau. Was ich den anderen allerdings nicht zeigte und mir selbst gegenüber auch nur schwer zugeben konnte, war, dass ich völlig die Kontrolle verloren hatte – ich schlingerte auf einer Achterbahn zwischen manischen Höhenflügen und Depressionen durchs Leben, trank viel zu viel und hatte zahllose Affären mit

Männern. In meinem Körper sammelten sich mehr und mehr Probleme, die ich beharrlich ignorierte. Erst als man bei mir Krebs diagnostizierte, entschloss ich mich, der Wahrheit ins Gesicht zu sehen.

Mein ganzes Leben lang war mir bewusst, dass ich sexuell missbraucht worden war beziehungsweise – um es genauer auszudrücken – „Cindy", wusste es. Cindy war der Teil meiner Persönlichkeit, der alle Erinnerungen an diese Vorfälle gesammelt und gespeichert hatte. Ich war von Cindy nicht abgespalten wie ein Mensch mit einer multiplen Persönlichkeit. Mein Geist war sehr stark, und Cindy und ich blieben in Verbindung. Sie stellte für mich immer so etwas wie einen sicheren Zufluchtsort dar – eine Möglichkeit, mich ein bisschen von dem, was geschah, abzukoppeln. Cindy wird in diesem Buch noch regelmäßig auftreten.

Ich „erfand" Cindy, als mein Vater anfing, mich zu missbrauchen. Als ich noch sehr jung war, erzählte sie mir vage von den liebevollen Zeiten mit ihm. Mit zunehmendem Alter wurden die Geschichten immer erschreckender. Ich wusste, dass sie mir die schlimmsten verschwieg. Ich wollte nicht zugeben, dass all dies wirklich geschehen war, aber schließlich blieb mir keine andere Wahl mehr. Meine Gesundheit hing davon ab, dass ich mich erinnerte.

Meine Krankheiten rüttelten mich wach – wie Krankheiten es ja oft tun. All die Kämpfe und die ganze Unterdrückung meiner Gefühle forderten ihren Tribut. So sehr ich auch gewillt war zu lügen, mein Körper machte nicht mehr mit. Mit einer Krankheit können Sie sich nicht streiten. Sie brauchen Ihren Körper, um sich in der Welt zu bewegen; funktioniert er nicht, haben Sie ein Problem. Als Kind begann es bei mir mit Halsschmerzen, danach entwickelte ich alle möglichen Krankheiten: Unterzuckerung, Magenprobleme und jede Menge Allergien. Später gesellten sich noch manisch-depressive Phasen dazu und Promiskuität sowie eine schwere Alkohol- und Valiumsucht – bis man bei mir schließlich Krebs diagnostizierte, als ich 25 Jahre alt war.

Es dauerte sehr lange, bis ich der Wahrheit ins Gesicht sah. Das Leben, das ich mir für mich ausgedacht und erschaffen hatte, war weit davon entfernt. Es gab Geheimnisse, die ich nie verraten würde. Ich war mir absolut sicher, dass ich diese Geheimnisse mit ins Grab nähme, aber in dieser Beziehung irrte ich mich. Meine eigene Wahrheit – mein geheimer Schmerz – manifestierte sich schließlich als Krebs, um meine Aufmerksamkeit zu erringen. Ohne den Krebs wäre die Wahrheit über meine Vergangenheit wahrscheinlich mit mir begraben worden.

Aber ich wollte leben und war gewillt, alles Nötige zu tun, um geheilt zu werden.

Eines Tages war ich völlig mit meinem Latein am Ende und landete zufällig bei einer Massagetherapeutin. Als sie anfing, mich zu behandeln, fragte sie mich, ob ich für „Energieheilung" offen sei. Ich wusste nicht, was das bedeutete, aber es klang gut, daher sagte ich ja. Damit begann mein Erwachen.

Energie

Wir leben in einer Kultur, die für die Wahrheit stirbt – im wahrsten Sinne des Wortes. Wenn wir schmerzliche Geheimnisse bewahren oder Lügen erzählen, stören wir unsere Energiefelder, schwächen unser Immunsystem, schädigen unsere Organe, verengen unser Herz, erschüttern unser Gehirn und verwirren unser Nervensystem. Lügen machen aus unseren Körpern eine giftige Mülldeponie.

Die physikalischen Gesetze lehren uns, dass *Energie* die treibende Kraft im Universum und damit jeglicher Schöpfung ist. Tatsächlich sind unsere Körper und die sie umgebenden Systeme Kaleidoskope aus Energie.

Von unten nach oben – vom ersten Energiezentrum (dem Wurzelchakra), das am unteren Ende der Wirbelsäule liegt, bis ganz oben zum siebten Energiezentrum (dem Kronenchakra) direkt über dem Scheitelpunkt – bestehen wir aus einem komplexen System, das Energie von außen bezieht und wieder abgibt – so, wie es in einem gesunden Kreislauf eigentlich sein sollte. Wenn diese Energiezentren im Gleichgewicht sind, bilden sie rechtsdrehende Wirbel, die uns geistig und körperlich gesund erhalten.

Wir wünschen uns, dass unsere Energiesysteme normal funktionieren. Wir wollen, dass sie Energie anziehen, die uns nährt und unterstützt. Frei fließende Energie soll jede Zelle, jedes Gewebe und jedes Organ unseres Körpers durchströmen.

Die Erfahrungen unseres Lebens, Zwischenfälle, die uns emotional verstören, Operationen, Unfälle und jede Art von Traumata können unser Energiesystem in einen Schockzustand versetzen und es beschädigen. Wenn diese Erlebnisse im Laufe der Zeit nicht verarbeitet und losgelassen werden, kann der mangelnde Energiefluss in manchen Körperbereichen zu Krankheiten oder anderen Problemen führen. Erinnerungen an schmerzliche Ereignisse werden vielleicht „vergessen" – also vom Normalbewusstsein verleugnet oder verdrängt, um so mit Angst, Trauer oder Wut fertig zu werden. Aber der Körper vergisst nie etwas, denn er speichert all diese Erinnerungen. Der Schrei, der nicht losgelassen, die Trauer, die unterdrückt wurde – alles hinterlässt seine Spuren.

Das Durchleiden der schmerzhaften Episoden meiner Kindheit und Jugend machte mich hypersensibel für den Schmerz anderer. Für viele Heiler ist ihre Lebenserfahrung genauso wichtig, wenn nicht sogar wichtiger, wie theoretische Kenntnisse oder eine medizinische Ausbildung. Man könnte es geradezu als „höhere Ironie" bezeichnen, dass die Probleme meiner Jugendjahre mir die perfekte Lehrzeit für den Beruf der Heilerin waren, obwohl ich das damals natürlich noch nicht wusste. Hätte ich eine sehr glückliche Kindheit ohne irgendwelche besonderen Vorfälle durchlaufen, wäre mein Weg mit ziemlicher Sicherheit ein anderer gewesen.

Mit Hilfe der Wahrheit heilen

In meiner Praxis suchen mich Menschen regelmäßig mit einer langen Liste gesundheitlicher Beschwerden auf. Ein Mann erzählte mir etwa: „Mit zwanzig bekam ich Probleme mit meinen Zahnhälsen. Ich ging zu einem Orthopäden, zu einem Chiropraktiker, zu einem Kieferchirurgen und schließlich zu einem Spezialisten für Schmerztherapie." Als ich sein Energiefeld abtastete, fand ich heraus, dass seine körperlichen Störungen, die sich als chronische Beschwerden manifestierten, *nicht zugelassene Schreie* waren. Er hatte seine Gefühle unterdrückt, was ein totales Chaos in seinem Körper verursachte. Sein Kinn schien vor lauter Angst wie gelähmt, genau wie es bei mir viele Jahre lang gewesen war. Kinder müssen schreien, wenn sie Angst haben oder verletzt sind. Aber Kinder, die nicht schreien dürfen oder die dafür bestraft werden, dass sie ihren Schmerz zeigen, müssen ihn trotzdem irgendwie ausdrücken; der Körper trägt die Last dieses Schmerzes, bis er endlich befreit wird.

Bei meiner eigenen Suche nach Heilung habe ich jahrelang mit unterschiedlichen Weisen, Schamanen und Heilern gearbeitet. Als ich zur Wahrheit erwachte, kamen die Schrecken, die ich erlebt hatte, ans Licht. Die nicht ausgedrückte Energie in mir schrie danach, freigelassen zu werden. Immer wieder, während der unterschiedlichsten Therapien, vernahm ich in mir den Schrei: „Bitte, tu mir nicht weh, Daddy! Bitte, tu mir nicht weh!"

Die Wahrheit ließ sich nicht länger verdrängen. Sie wollte gehört werden. Die Wahrheit, die ich immer gekannt, aber verborgen hatte, bahnte sich mit aller Macht ihren Weg an die Oberfläche. Die Lüge, die mich fast umgebracht hätte – die scheinbar so bequeme und geschmeidige Lüge – diente mir nicht länger als Zuflucht. Ich wollte leben. Die Wahrheit rettete mein Leben.

Die Lügen, die wir benutzen, um unsere Wahrheit zu verstecken, ticken in uns wie Zeitbomben. Je eher wir gewillt sind, sie aufzudecken, desto schneller können wir heil werden. Die Wahrheit zu sagen ist ein Akt der Liebe – Liebe für uns selbst, für unser Leben und für alle, die wir lieben.

Aber um zu heilen, ist es nicht notwendig, sich an all die schrecklichen Einzelheiten zu erinnern, die Sie möglicherweise verdrängt haben. Wenn ich Menschen rate, in Kontakt mit ihrer Wahrheit zu gehen, kann es zum Beispiel nur bedeuten zu sehen, dass sie eine ziemlich schlimme Kindheit hatten. Jemand muss sich nicht unbedingt daran erinnern, dass sein Vater ihn grün und blau schlug und Zigaretten auf seiner Hand ausdrückte. Aber wenn er gesund werden will, sollte er aufhören sich vorzumachen, dass er den besten Vater aller Zeiten hatte. Er muss die Wahrheit eingestehen, zumindest sich selbst gegenüber.

Unsere eigene Wahrheit zu kennen ist sehr wichtig, aber manchmal ist es unklug und gefährlich, andere damit zu konfrontieren. In Kontakt mit unseren Erinnerungen zu treten, ist sehr befreiend, doch man sollte es sich genau überlegen, die Einzelheiten dieser Wahrheit mit anderen zu teilen. Sie Menschen aufzuoktroyieren, die „mit der Wahrheit nicht umgehen können", erzeugt unter Umständen noch mehr Verletzung und Schmerz.

Vergebung braucht Zeit – manchmal ein Leben lang. Ich glaube, dass ich meinen Eltern auf vielen Ebenen ihre Fehler verziehen habe. Aber als ich an der frühen Fassung dieses Buchs arbeitete, fiel mir auf, dass meine Mutter auf diesen Seiten praktisch gar nicht in Erscheinung trat. Mein Vater war überall, meine Mutter jedoch war kein Teil meiner Geschichte, sie war erschreckend anwesend durch ihre Abwesenheit. In meinem Manuskript spiegelte sich dieselbe Dynamik in Bezug auf meine Eltern, wie sie sich durch meine Kindheit zog. Um zu heilen, musste ich über meinen Vater *und* meine Mutter schreiben. Ich habe die Hoffnung, dass das Aussprechen der Wahrheit dazu beitragen wird, meine gesamte Abstammungslinie zu heilen.

Während die Wahrheit unsere Wunden versorgt, mag sich dennoch bereits eine Krankheit im System ausgebreitet haben. Ihr Körper benötigt ganz konkret Ihre Aufmerksamkeit. Ich bin eine große Anhängerin integrativer Therapien und ermutige jeden mit einem gesundheitlichen Problem, alle verfügbaren Quellen als Unterstützung in Anspruch zu nehmen.

Die Wahrheit heilt enthüllt, erforscht und erhellt, wie und warum Krankheiten sich als Störfaktor in unserem Energiesystem ausbreiten: Wir haben unsere Wahrheit verdrängt, verleugnet oder vergessen – aufgrund emotionaler Erlebnisse oder schmerzhafter Traumata, die nie benannt, anerkannt oder aufgelöst wurden.

Jedes Kapitel beginnt mit einem kurzen Auszug (kursiv geschrieben) aus dem Tagebuch, das ich vor vielen Jahren, als ich an meiner eigenen Heilung arbeitete, geschrieben habe. Das vorliegende Buch ist in sieben Kapitel aufgeteilt, eines für jedes der sieben wichtigsten Zentren (*Chakras*) im menschlichen Energiesystem. In jedem Kapitel erläutere ich die spezifischen emotionalen Muster und die daraus resultierenden körperlichen Symptome, die mit jedem Zentrum verbunden sind. Zum besseren Verständnis schildere ich Geschichten aus meiner eigenen Praxis und Beispiele aus dem Leben prominenter Persönlichkeiten. Einfache Checklisten können Ihnen dann dabei helfen, alle Arten von Problemen zu identifizieren, die sich in Ihrem Leben oder Ihrem Körper zeigen. Jede Geschichte demonstriert aufs Neue, wie *die Wahrheit heilt*.

Sie werden merken, dass ich manchmal das Wort *Gott* benutze, um mich auf meine Verbindung zur nichtkörperlichen Welt zu beziehen. Ich wurde als Katholikin erzogen, daher war mein religiöser Bezugsrahmen als Kind auch ein christlicher. Heute identifiziere ich mich nicht mehr mit irgendeinem speziellen Glauben, sondern mit Elementen aller Glaubensrichtungen. Ich besuche häufig Gottesdienste in verschiedenen Kirchen und Tempeln. Ich gehe überall dorthin, wo ich eine Verbindung mit der Quelle spüre. Diese habe ich an Plätzen gefunden, wie sie unterschiedlicher nicht sein können: Evangelisten sprechen in Zungen, Benediktinermönche singen, Hindus meditieren, Sufis tanzen. Ich bin fest davon überzeugt, dass viele Wege zu einem gesunden Geist und körperlichem Wohlbefinden führen. Ich gebrauche das Wort *Gott*, weil ich mich damit am wohlsten fühle, aber vielleicht bevorzugen Sie eine ganz andere Bezeichnung. Die Wahrheit transzendiert alle Überzeugungen, sie ist universell und jeder hat Zugang zu ihr – ganz gleich, wie Sie Ihre Quelle nennen mögen.

Ich hoffe sehr, dass Sie Ihre Wahrheit oder die Wahrheit eines geliebten Menschen auf diesen Seiten kennenlernen und annehmen werden und dass Sie das, was Sie lesen, ermutigt, die Arbeit zu tun, die mit dem Heilwerden verbunden ist.

Möge die Wahrheit *Sie* befreien.

Das erste Energiezentrum

KAPITEL EINS

Bin ich hier sicher?

Mutter schaut mich finster an und marschiert mit schweren Schritten über das Parkett. Was habe ich verbrochen, dass sie so wütend ist? Ich versuche, mich ganz klein zu machen, als wäre ich fast gar nicht da. Wenn ich nur ein winziges bisschen atme, bemerkt sie mich vielleicht nicht. Ich habe gelernt, meinen Atem immer länger anzuhalten. Ob ich mich noch kleiner machen kann? Meine Puppe Lumpen-Ann schaut mich mit weit aufgerissenen Augen an. Ich ahme ihren Blick nach und starre zurück.

Mutter kommt auf mich zu. Ich gerate in Panik, halte den Atem an und mache mich genauso klein, schlaff und leblos wie Lumpen-Ann. Ich gebe keinen Mucks von mir und hoffe, das rettet mich. Mutters Wut rückt immer näher. Ich bin verloren. Schließlich löse ich mich in Luft auf. Ich schaue auf meine Hände, aber sie sind weg, genau wie meine Füße. Dann schwebe ich am Kronleuchter vorbei, am Kamin, bis ich an einem Deckenbalken hängen bleibe. Von hier oben sieht alles ganz anders aus. Niemand kann mir wehtun. Die Frau läuft geschäftig unter mir hin und her, bis ich einschlafe.

Als ich aufwache, liegen meine Puppe und ich wieder im Laufstall, und die Frau, die ich Mutter nenne, ist verschwunden.

Ich hatte unglaublich viel Angst vor meiner Mutter. Sie war immer wütend und funkelte mich mit ihrem Mörderblick an. Diese Augen sagten mir: „Ich bringe dich um!", und das erschreckte mich bis ins Mark. Ihr Blick durchbohrte mein Herz wie ein eiskaltes Schwert. Ich konnte es nur ertragen, indem ich dichtmachte, mich einfach in Luft auflöste. Meine einzige Verteidigungsstrategie als kleines Kind bestand darin, zu verschwinden. Ich verließ meinen Körper und schwebte durch das Zimmer, damit ich mich vor ihrem kalten Blick verstecken konnte. Ich hatte keine Ahnung, warum sie so wütend war. Später wurde mir mein Vergehen klar: Ich war ein Mädchen, und ich wurde von meinem Vater geliebt.

Mutter. Sie war halb Portugiesin und halb Irin. Ihre Mutter war selbst voller verdrängter Wut und Probleme, ihr Vater Alkoholiker. Nie durfte ich sie „Mama" oder „Mami" nennen. Das Urvertrauen zwischen Mutter und Kind hatte sich bei uns nie entwickelt. Das Ideal einer liebenden Mutter, die sich rührend um ihr kleines Kind kümmert, hatte ich nie erlebt. Mutter verachtete mich zutiefst, und ich lebte in permanenter Angst vor ihr. In meiner Kindheit fürchtete ich diese Frau, die meine Mutter war. Heute, als Erwachsene, sehe ich sie in einem anderen Licht – auch sie ist das Opfer ihrer eigenen schmerzlichen Kindheit.

Mutter war erst achtzehn, als sie meinen Vater kennenlernte. Er hatte sie als Sekretärin angestellt. Der gut aussehende und hoch gebildete Mann war ein bekannter Anwalt und Politiker, zweiundzwanzig Jahre älter als sie. Kurz nachdem sie meinen Bruder, ihr erstes Kind, zur Welt gebracht hatte, entdeckte sie, dass ihr frisch angetrauter Ehemann exzessiv trank, genau wie ihr Vater. Sie schwor sich, keine Kinder mehr zu bekommen, aber mein Vater bestand darauf, und er setzte sich durch.

An einem Sommerabend, nachdem sie gemerkt hatte, dass sie schwanger war, versuchte meine Mutter, mit Hilfe einer Stricknadel abzutreiben – genau wie ihre Mutter vor ihr. Alles, was mit

Sex und Schwangerschaft zusammenhing, ekelte sie an. Es war geschmacklos, obszön und weckte in ihr die Erinnerung an die verbotenen Berührungen ihrer eigenen Kindheit. Eine Schwangerschaft erschien ihr noch schmutziger, wenn es sich um ein Mädchen handelte. Mädchen waren die Quelle allen Übels und verführten Männer zur Sünde: So lautete der Kernsatz ihrer Weltanschauung. Da sie es nicht geschafft hatte, die Schwangerschaft frühzeitig abzubrechen, trug sie mich bis zum achten Monat aus und beschwor dann ihren Arzt, mich mit Gewalt aus ihrem Bauch herauszuholen.

Ich erlebte meine Mutter als grausam, kalt, furchterregend und extrem lieblos. Sie kümmerte sich in der Weise um mich, wie man es ihr beigebracht hatte. Der Gedanke, dass sie alles andere als eine gute Mutter war, kam ihr einfach nicht in den Sinn.

Ich bin sicher, dass ich die Fähigkeit, meinen Körper zu verlassen, bereits im Bauch meiner Mutter besaß. Ein Fötus ist wie ein Schwamm, er saugt alles in sich auf, was auf emotionaler und körperlicher Ebene mit der Mutter passiert. Ohne dass ich die Worte dafür hatte, war mir mit allen Sinnen grausam schmerzlich bewusst, dass meine Mutter mich nicht haben wollte – ein Zustand, dem *jeder* hätte entfliehen wollen. Doch ich war in Mutters Bauch gefangen und unfähig, ihrer Feindseligkeit zu entkommen. Die bittere Erkenntnis, nicht gewollt zu sein, führte zu einer Störung in meinem ersten Energiezentrum und zu dem unbewussten Glaubenssatz: *Ich bin hier nicht sicher. Ich will gar nicht hier sein.*

Das erste Energiezentrum:
Das Wurzelchakra

Das erste Energiezentrum oder Wurzelchakra ist die Grundlage unserer körperlichen Existenz. Mit seiner enormen Kraft pumpt dieses am unteren Ende der Wirbelsäule gelegene Chakra die

Lebensenergie durch unsere Wirbelsäule nach oben und durch unsere Beine nach unten. Es verbindet uns mit der Erde, damit wir ein sicheres Fundament haben. Die wesentlichen Themen dieses Chakras sind Sicherheit und Vertrauen, Nahrung und Gesundheit, Heimat und Familie. Bei einem unausgeglichenen ersten Chakra sind vor allem die Nebennieren, der untere Teil der Wirbelsäule, das Steißbein, die Beine, die Füße, die Knochen, der Darm, das Immunsystem und das Rückgrat in Mitleidenschaft gezogen.

Wenn das Basis-Energiezentrum gestört ist, kann das vielerlei Auswirkungen haben. Möglicherweise fühlen wir uns nicht geerdet und glauben, wir seien gar nicht hier, haben Konzentrationsstörungen und wenig Selbstdisziplin. Wir leiden unter Angst, Beklemmungen oder Phobien. Vielleicht sind wir unruhig oder rastlos. Weitere Indizien für ein unausgeglichenes Wurzelchakra sind mangelndes Organisationstalent, Verlassenheitsgefühle, Angst vor Veränderung, ein niedriges Energieniveau oder eine schlechte körperliche Verfassung.

Ist ein Energiezentrum im Körper blockiert, wirkt das, als säßen wir eine Woche lang auf einem Bein. Wenn wir versuchen, wieder aufzustehen, trägt das Bein uns nicht mehr. Dasselbe passiert mit dem Körper. Wir können ihm nicht dauerhaft Flüssigkeit und Energie verwehren, ohne dafür zu bezahlen. Wenn irgendein Bereich durch schmerzliche Erinnerungen oder gegenwärtige Lebensumstände beeinträchtigt oder blockiert ist, wird der Körper in Mitleidenschaft gezogen.

Ein gestörtes erstes Chakra kann zu folgenden körperlichen Problemen führen:

- Essstörungen oder Mangelernährung

- Adrenalinmangel

- Probleme in Füßen, Beinen oder Steißbein

- Darmkrebs

- Probleme mit der Wirbelsäule

- Immunstörungen

- Osteoporose oder andere Knochenkrankheiten

Das Wurzelchakra lässt uns wissen, wo wir hingehören. Alle möglichen Ereignisse können dieses Chakra zu jedem Zeitpunkt unseres Lebens beeinträchtigen oder aus dem Gleichgewicht bringen: Jobverlust oder Trennung, ein Autounfall, Umzug, Gewaltandrohung oder körperliche Gewalt, oder auch eine Naturkatastrophe – all das kann uns in einen Schockzustand versetzen, uns in unseren Grundfesten erschüttern und aus dem Gleichgewicht bringen.

Bei Terroranschlägen wie dem Angriff auf das World Trade Center im Jahr 2001 kann das Trauma noch lange andauern. Viele Überlebende berichteten, dass sie über längere Zeit zutiefst verstört waren und weder ihrer Arbeit noch ihrem normalen Leben nachgehen konnten. Andere schilderten, wie die Angst sie im Griff hatte, wie sie beim kleinsten Geräusch zusammenzuckten und sich nicht entspannen konnten, unter Schlaf- und Konzentrationsstörungen litten. All das sind Indizien für ein gestörtes erstes Chakra.

Bei Terroropfern ist das erste Chakra meist vor Angst und Schrecken „durchgebrannt". Oft haben die Betroffenen das Gefühl, „nicht hier" zu sein: Auf der Ebene des Wurzelchakras trifft das auch tatsächlich zu. Der Schock hat ihre Aufmerksamkeit und ihr Bewusstsein betäubt; sie befinden sich „außerhalb ihres Körpers". Eine Überlebende beschrieb es folgendermaßen: „Ich erkenne mich gar nicht mehr wieder. Die Dinge, die ich früher so gern mochte, machen mir keinen Spaß mehr. Ich kann nicht einmal mehr nach Manhattan fahren."

Sei jetzt hier

Präsenz ist eines der Hauptmerkmale eines integrierten ersten Chakras. Unter „Präsenz" verstehe ich, dass ich wirklich voll und ganz im Hier und Jetzt bin, in meinem Körper, genau in diesem Moment. Menschen, die Probleme mit dem Wurzelchakra haben, sind in ihrem Leben oft nicht anwesend. In unserer Kultur ist es ziemlich normal, die meiste Zeit über ganz oder teilweise abwesend zu sein. „Beam mich hoch, Scotty", die scherzhafte Redewendung aus der Fernsehserie *Star Trek*, fand ihren Weg in die Umgangssprache, weil sie den uralten Wunsch ausdrückt, sich in Luft aufzulösen, wenn die Lage wirklich brenzlig wird.

Viele von uns verlassen ihren Körper, ohne es zu bemerken. Denken Sie nur einmal daran, wie oft wir auf der Autobahn unterwegs sind und uns, einmal angekommen, gar nicht mehr an die Fahrt erinnern können. Wir funktionieren wie ferngesteuert – so sehr in unsere Gedanken versunken, als wäre das Auto von allein gefahren. Wie oft spülen wir Geschirr, gehen ins Fitness-Studio oder kaufen ein und sind dabei mit den Gedanken ganz woanders? Unser Fortschrittsglaube hat uns ebenfalls von der Gegenwart entfernt – genau wie von der Natur und voneinander. Wenn wir dann noch menschliche Interaktion durch digitale Kommunikation ersetzen, fühlen wir uns sogar noch weniger miteinander verbunden. Denken Sie nur daran, wie oft Sie vor Ihrem Computer sitzen und erst am Ende des Tages bemerken, wie steif Sie sind, nachdem Sie sich stundenlang nicht vom Fleck gerührt haben.

Viele von uns haben sich von ihrem Körper „abgespalten", als sie noch ganz klein waren. Reflexartig haben wir uns geschützt, indem wir ausstiegen, sobald Gefahr drohte. Es war sinnvoll, uns abzuspalten oder loszulösen, als wir noch Kinder waren; denn nur so konnten wir die Schocks überstehen, denen unser fragiles

Nervensystem ausgesetzt war. Wir „stiegen" sozusagen aus unserem Körper aus. Als Erwachsene wollen wir dieses Muster durchbrechen und uns nicht mehr von unserem Körper abspalten, wenn wir uns fürchten. Tatsächlich können wir uns nur dadurch schützen, dass wir hier bleiben. Wenn wir nicht präsent sind, sind wir im wahrsten Sinne des Wortes nicht in der Lage, auf uns aufzupassen, es ist nämlich niemand zu Hause

Die klassischen Auswirkungen eines gestörten Wurzelchakras können wir im Fall von Patty Duke betrachten, bevor sie die richtige Behandlung erfuhr. Kaum dreizehn Jahre alt, war sie bereits eine hart arbeitende, talentierte Schauspielerin, die mit ihrer Rolle als Helen Keller in dem Film *Wunder geschehen* zum Star wurde. Ihr Vater war Alkoholiker, ihre Mutter litt unter einer nicht diagnostizierten manischen Depression. Ihre ersten sechs Lebensjahre waren von den permanenten Streitereien ihrer Eltern geprägt. Nachdem ihr Vater die Familie verlassen hatte, machten die gewalttätigen Wutausbrüche ihrer Mutter ihr Zuhause immer noch zu einem unsicheren Ort. Als sie acht Jahre alt war, übernahmen

Steig nicht aus ... bleib hier

In der Kindheit mag unsere Strategie darin bestanden haben, uns energetisch auszuklinken, wenn alles zu schwierig wurde. Ein gesunder Erwachsener muss jedoch lernen, präsent zu bleiben und mit dem umzugehen, was ist. Wenn Sie bemerken, dass Sie „aussteigen" wollen, holen Sie tief Luft, stellen Sie sich mit beiden Füßen fest auf den Boden und sagen Sie sich: „Es ist sicher, hier und jetzt in meinem Körper zu sein."

ihre Manager, John und Ethel Ross, die Aufsicht über ihr Leben, und sie geriet sprichwörtlich vom Regen in die Traufe. John Ross missbrauchte sie sexuell, verschaffte ihr Zugang zu verschreibungspflichtigen Drogen und zwang sie zur Hausarbeit und zum Kochen.

Patty entkam den Ross' zwar, indem sie mit achtzehn heiratete, stürzte aber danach in einen Strudel aus schweren Depressionen, manischen Schüben, Selbstmordversuchen, Anorexie, Drogenmissbrauch und Alkoholismus – alles Symptome eines unausgeglichenen ersten Chakras. Ihre zweite Ehe dauerte genau zwei Wochen, dann wurde sie annulliert. In ihrer dritten Ehe stand sie auf einmal als Mutter von fünf Jungen da. Nachdem auch diese Ehe in die Brüche ging, diagnostizierte man bei der mittlerweile 35-jährigen endlich eine bipolare Störung. Für Patty war es eine enorme Erleichterung zu wissen, dass ihr Leiden behandelbar war. Sie nahm wieder ihren richtigen Namen Anna Marie an und schrieb ihre Autobiographie A *brilliant Madness*. Indem sie ihre Gefühle ausdrückte, konnte sie endlich auch wieder Kontakt zu ihren Wurzeln aufnehmen, von denen sie seit ihrer Kindheit abgeschnitten war. Heute führt sie ein geregeltes Leben und ist eine engagierte Fürsprecherin von Geist-Körper-Medizin.

Ein anderes Beispiel für jemanden, dessen erstes Chakra „nicht hier sein wollte", ist Ashton Kutcher mit seinen Erfahrungen als kleiner Junge und Teenager. Ashton wurde durch die Rolle des nicht allzu cleveren Michael Kelso in der Sendung T*he 79s Show* (Fox Broadcasting Company) berühmt. Seine Eltern, beide Fabrikarbeiter, die hart arbeiten mussten, um über die Runden zu kommen, ließen sich scheiden, als er dreizehn war. Da er für niemanden Partei ergreifen und auch keine schlechten Nachrichten über seinen Zwillingsbruder Michael hören wollte, der unter einer leichten geistigen Behinderung litt, grenzte sich Kutcher von der ganzen Familie ab, indem er zu beschäftigt war, um noch etwas zu

Wahrheit heilt

fühlen – ein typischer Weg, um einer unsicheren Situation zu entfliehen. Als er dreizehn war, bekam sein Zwillingsbruder ein Herzleiden. Als die Ärzte Ashton sagten, Michael habe nur noch wenige Stunden zu leben, trat er im Krankenhaus auf den Balkon hinaus. Er war bereit, hinunterzuspringen, damit sein Bruder sein Herz haben konnte – ein klares Zeichen dafür, dass er jeglichen Bezug zu seinem eigenen Körper verloren hatte. Gerade noch rechtzeitig kamen die Ärzte mit der Nachricht, eine Frau sei bei einem Autounfall ums Leben gekommen und ihr Herz könne Michael gespendet werden. Stand Ashton so „außerhalb seiner selbst", dass er gesprungen wäre? Glücklicherweise überwand er das Trauma. Heute ist er wieder geerdet und präsent – seine Karriere als Filmschauspieler und TV-Produzent entwickelt sich prächtig, und er unterstützt als Stiefvater die Töchter seiner Frau Demi Moore nach Kräften.

Essstörungen

Als Kind war ich das Paradebeispiel für einen Menschen mit einem gestörten ersten Chakra. Mit achtzehn wies ich alle Anzeichen für ein schlecht funktionierendes Basiszentrum auf. In meinem ständigen Kampf gegen Angststörungen erhöhte ich jedes Jahr meine Valiumdosis. Ich zuckte beim leisesten Geräusch zusammen und litt unter Schlafstörungen. Kaum hatte ich mich von der letzten Erkältung erholt, bekam ich eine Grippe. Obwohl ich Kleidergröße sechsunddreißig trug, war ich der festen Überzeugung, ich sei zu dick, und lebte von Diätcola, Eiern und Trauben – der klassische unbewusste Versuch, durch Nahrungsverweigerung „von hier zu verschwinden".

Die meisten Essstörungen haben mit dem ersten Chakra zu tun. Sie hängen mit dem Grundbedürfnis zusammen, hier zu sein und das Verlangen des Körpers nach Nahrung zu stillen. Menschen, deren Sicherheitsgefühl beeinträchtigt ist oder deren Grenzen regelmäßig durch einen mächtigen „Anderen" verletzt wurden, beginnen irgendwann zu glauben, keine Kontrolle über ihr Schicksal zu haben. Dann verweigern sie die Nahrungsaufnahme, weil dies der einzige Bereich in ihrem Leben ist, den sie bestimmen können.

Als Jennifer von ihrem Vater in meine Praxis gebracht wurde, war sie einundzwanzig Jahre alt. Seit annähernd zehn Jahren kämpfte sie abwechselnd mit Magersucht und Bulimie und kam langsam an ihre körperlichen Grenzen. Ihr Urvertrauen, zu Hause, bei ihrer Familie und in Sicherheit zu sein, war durch die Scheidung ihrer Eltern zutiefst erschüttert worden. Obwohl beide Elternteile sie sehr liebten, fühlte sich Jennifer durch das ständige Hin und Her zwischen zwei Wohnungen und die Feindschaft ihrer Eltern wie ein Pfand in deren Kriegsspiel. Zwischen Jennifers viertem und neuntem Lebensjahr zog ihre Mutter jedes Jahr in ein neues Haus um. Weil sie sich immer wieder an neue Häuser, neue Freunde, neue Nachbarn und neue Schulen gewöhnen musste, fühlte Jennifer sich entwurzelt und labil. Wenn sie deswegen bei ihrer Mutter Trost suchte, erwiderte diese: „Du weißt ja gar nicht, wie viel Glück du hast. Du hast zwei Elternteile, die dich lieben, und zwei wunderbare Häuser, in denen du leben kannst. Du hast viel mehr, als ich damals hatte."

Jennifers Mutter war schlank wie ein Model und sehr stolz darauf. Ihr Vater dagegen kämpfte dauernd mit den Pfunden. Im Haus ihrer Mutter, wo Jennifer zum maßvollen Essen angehalten wurde, war der Kühlschrank immer fast leer. Es gab keine festen Mahlzeiten, Mutter und Tochter kochten auch nie zusammen. Im Haus ihres Vaters hingegen gab es Essen in Hülle und Fülle. Ihr Vater liebte opulente Mahlzeiten und gönnte sich abends oft jede Menge Knabberzeug.

Jennifers Essstörungen begannen mit elf Jahren, als ihre Mutter einen Mann heiratete, der sich nicht mit einer Stieftochter belasten wollte. Jennifer pendelte wie ein Jojo zwischen Hungern und Sich-Vollstopfen hin und her. Ihr Essverhalten wurde immer unsicherer, besonders, seit ihr Stiefvater sie „Fettarsch" nannte, wann immer sie etwas Kalorienreiches oder Süßes zu sich nahm. Mit dreizehn fing sie dann an, nach dem Essen zu erbrechen. Selbst als sie mit vierzehn ganz zu ihrem Vater zog, aß sie immer noch sehr sporadisch und täuschte ihm zuliebe oft vor, etwas zu sich zu nehmen. Dabei wurde sie immer dünner. Die Jennifer, die in meine Praxis kam, sah immer noch aus wie eine Vierzehn-jährige. Sie war so bleich und mager, dass ich mir wiederholt ins Gedächtnis rufen musste, dass sie in Wirklichkeit schon einund-zwanzig war.

Zu Beginn unserer gemeinsamen Arbeit fiel mir auf, dass ihr erstes Chakra gestört war. Ihr Körperbewusstsein war nur sehr schwach entwickelt. Wie bei vielen, die unter Essstörungen lei-den, war ihre Welt völlig außer Kontrolle geraten. Deshalb übte sie Kontrolle über das einzige aus, was in ihrer Macht lag: Über das, was sie in ihren Mund steckte. Das war Jennifers unbewusste Reaktion auf ihr Trauma. Zudem glaubte sie, sie könne durch das Hungern aus der Situation flüchten. Wenn sie nicht aß, spürte sie sich auch nicht. Ihr Körper sagte: „Ich will gar nicht hier sein".

Als ihre Eltern ihren Zustand bemerkten, gaben sie sich ge-genseitig die Schuld dafür und bekämpften sich noch erbitterter. Jeder warf dem anderen vor, er habe in seinen elterlichen Pflich-ten versagt. Jennifer verbarrikadierte sich derweil in ihrem Zim-mer, setzte ihre Kopfhörer auf und flüchtete sich in die Musik. Ihre Eltern suchten Rat bei Ärzten und Therapeuten, probierten alle möglichen Behandlungsmethoden durch. Aber nichts half, und Jennifers Zustand verschlechterte sich immer weiter. Dann warf ihr Vater sie aus dem Haus, weil sie ihr Studium abgebrochen hatte, und brachte damit das Fass endgültig zum Überlaufen. Da sie nicht mehr im Haus ihres Vater willkommen war, wandte sie sich an ihre Mutter, die sie jedoch genauso wenig haben wollte. Sie hatte vor kurzem noch einmal ein Baby bekommen und war viel zu beschäftigt mit ihrem zweiten Ehemann und ihrer neuen Familie. Ohne ein richtiges Zuhause zog Jennifer sich nun endgültig in sich zurück und trat in den Hungerstreik.

Im Lauf unserer gemeinsamen Arbeit wurde mir klar, dass Jennifer ein hoch sensibles, künstlerisch begabtes Mädchen war, das keine Ahnung hatte, wo es hingehörte. Ihre Eltern schenkten Jennifer nur dann ihre Aufmerksamkeit, wenn sie, in ihren Worten ausgedrückt, „etwas vermasselte", was sie denn auch regelmäßig tat. In unseren ersten Sitzungen konnte ich ihr mit meinen Fragen nichts anderes entlocken als „keine Ahnung". Darüber hinaus fiel mir auf, dass sie keine einzige gute Eigenschaft an sich selbst entdecken konnte. Sie erinnerte sich auch nicht mehr, wann zuletzt jemand mit ihr über etwas anderes gesprochen hatte als über ihre Essstörungen.

Viele meiner Patienten haben diesen verengten Blickwinkel, den sie mithilfe verschiedener Techniken erweitern können. Ich schaue immer über die Krankheit hinaus auf das Gesamtbild des betreffenden Menschen. Indem ich meinen Patienten beibringe, ihre Gedanken gezielt auf ihre tieferen Absichten auszurichten (Anm.: Näheres unter www.createwithintent.com), zeige ich ihnen, dass sie von Geburt an perfekte Wesen sind. Jennifer hatte im Zuge ihrer Krankheit möglicherweise den Blick für ihre angeborene Perfektion verloren, und es war meine Aufgabe, sie immer wieder daran zu erinnern. Ich konzentrierte mich auf Jennifers Qualitäten und betonte ihre Stärken – ihr Durchhaltevermögen, ihren Mut, sich der Wahrheit zu stellen, ihre Ehrlichkeit in Bezug auf ihre Gefühle. Hinter ihrem „keine Ahnung" verbarg sich ein Sturzbach von Tränen, der sich hinter den Geheimnissen, die sie seit Jahren in sich trug, aufgestaut hatte. Sie gestand sich ein, dass ihre Essstörung das Einzige war, was wirklich ihr gehörte. Als

Wahrheit heilt

ihr Vater – den sie als den liebevolleren Elternteil beschrieb – sie dazu aufforderte, sein Haus zu verlassen, war ihr, als öffne sich die Erde unter ihr und verschlinge sie.

Als ihr klar wurde, dass sie sich durchaus sicher fühlen konnte, indem sie „hier war", in ihrem Körper präsent und geerdet, wurde ihr bewusst, dass sie sich eher auf sich selbst verlassen konnte als auf andere. Unsere gemeinsame Arbeit verwandelte ihre Überzeugung „Die Welt ist kein sicherer Ort" in ihr Gegenteil: „Die Welt ist ein sicherer Ort, wenn ich präsent bin." Mit der Unterstützung eines Spezialisten für Essstörungen begann sie wieder zu essen – ein Ausdruck ihres gewachsenen Selbstbewusstseins. Ihr wurde klar, dass das Essen sie „hier" sein ließ, und dass „hier" der Ort war, an dem sie sein wollte.

Jennifer ist kein Einzelfall. Essstörungen sind bei Mädchen und Frauen äußerst verbreitet. Paula Abdul, Victoria Beckham und Mary-Kate Olsen sind nur drei von vielen prominenten Frauen, die öffentlich zugeben, dass sie mit Essstörungen zu kämpfen haben. Für diese Frauen, deren Bild ständig in irgendwelchen Zeitschriften oder im Fernsehen auftaucht, ist der Zwang, perfekt zu sein, noch viel größer. Selbst Prinzessin Diana, die meistfotografierte Frau des zwanzigsten Jahrhunderts, litt unter Essstörungen. Die Sängerin und Songwriterin Fiona Apple wurde magersüchtig, nachdem sie mit zwölf Jahren in der Nähe ihres Hauses vergewaltigt worden war. Ihrer eigenen Aussage nach ist sie nicht krank geworden, um schlank zu sein, sondern wegen der Vergewaltigung. Wenn es nicht sicher ist, hier zu sein, erscheinen Essstörungen als Ausweg. Wie Paula Abdul, inzwischen eine öffentliche Fürsprecherin für den Amerikanischen Bundesverband gegen Essstörungen (National Eating Disorders Association), feststellte, haben „Essstörungen in Wirklichkeit gar nichts mit Essen zu tun. Es geht dabei um Gefühle."

Sich an der Krankheit festklammern

Wenn wir unsere eigene Wahrheit anerkennen, werden unsere Energiebahnen befreit, und die Energie kann wieder besser fließen. Ein gut funktionierendes Energiesystem macht unseren Körper stark – gesundes Blut, das durch unsere Venen und Arterien fließt; intakte Organe sowie ein kräftiges Lymph-, Nerven- und Immunsystem. Dennoch warten viele Menschen, bis der Tod bei ihnen anklopft, bevor sie die Wahrheit zugeben. Andere nehmen sie lieber mit ins Grab.

Audrey war über elf Jahre mit einem chronischen Müdigkeitssyndrom ans Bett gefesselt. Bevor sie krank wurde, führte sie eine gut gehende Hautarztpraxis in L.A. Da sie jeden Tag zwei Stunden zwischen ihrer Praxis und mehreren Kliniken pendelte, hatte sie das Gefühl, sie verbringe ihr Leben „auf der Autobahn von L.A.". Ihr Handy wurde immer mehr zu einem unverzichtbaren Bestandteil ihres Lebens, und so nutzte sie die Zeit, die sie im Auto verbrachte, um Patienten zurückzurufen, mit ihrem Börsenmakler zu sprechen und ihrer trauernden Mutter beizustehen, die gerade zum zweiten Mal Witwe geworden war.

„Das waren wirklich mörderische Tage", sagte sie zu mir. „Die meiste Zeit hing ich Tagträumen nach und malte mir aus, in eine Kleinstadt zu ziehen, um endlich ein ruhigeres Leben zu führen. Aber damals hätte ich mir nicht vorstellen können, mit weniger Geld über die Runden zu kommen. Mein Mann und ich lebten ohnehin schon über unsere Verhältnisse. Sogar unsere Hochzeit hatten wir mit unserer Kreditkarte bezahlt."

Als Audrey und ihr Mann in ihrem dritten Ehejahr aus einem Urlaub in der Karibik zurückkehrten, bekam Audrey eine starke Grippe. Nach zwei Wochen verschlimmerte sich ihr Zustand noch. Als sie sich zwei Monate später immer noch nicht erholt hatte, checkte ihr Arzt sie gründlich durch. Nachdem er eine

Infektionskrankheit ausgeschlossen hatte, suchte ihr ständig wachsender Ärztestab nach Anzeichen einer Autoimmunerkrankung, es wurde jedoch nichts Bemerkenswertes gefunden. Nach sechs Monaten Bettlägerigkeit erhielt sie dann die Standarddiagnose für unlösbare Fälle: chronisches Müdigkeitssyndrom. Ein Jahr später reichte ihr Mann die Scheidung ein und zog in einen anderen Bundesstaat. Audrey bezog eine Schwerbehindertenrente und gab jede Hoffnung auf, jemals wieder arbeiten zu können. Sogar ihr Auto verkaufte sie – ein sicheres Zeichen dafür, dass sie so schnell nicht wieder „auf die Überholspur" käme.

Bei der Untersuchung fand ich heraus, dass sich Audreys erstes Chakra gegen den Uhrzeigersinn bewegte – ein gesundes Chakra bewegt sich im Uhrzeigersinn. Ihres jedoch sendete Energie aus, anstatt sie aufzunehmen. Außerdem hatte sich in diesem Bereich sehr viel Angst angestaut.

Audrey war mit einem angeborenen Hüftleiden zur Welt gekommen und musste bereits im zarten Alter von zwei Jahren zweimal operiert werden. Eine Operation ist für jeden traumatisch, besonders aber für einen so jungen Menschen. Die OP hatte ihren zerbrechlichen Körper erschüttert und ihre Sicherheit bedroht. In ihrer Kindheit gab es bei Audrey oft das Gefühl, dass niemand für sie da war. Sie musste sich wie ein „großes Mädchen" benehmen, lange bevor sie überhaupt so weit war, und fühlte sich von ihren Eltern im Stich gelassen. Nur wenn sie krank war, gaben diese ihr Liebe und Aufmerksamkeit.

Während ich ihren gebrechlichen Körper abtastete, nahm ich noch eine Szene vor meinem inneren Auge wahr: Audrey, umgeben von einer Gruppe furchteinflößender Männer an irgendeinem fremden Ort. „Wann waren Sie zum letzten Mal im Ausland?" fragte ich.

„Ach Gott, das ist Jahre her! Kurz bevor ich krank wurde, vor der Scheidung. Wir waren in Jamaika."

„Ist dort irgendetwas passiert?"

Audrey erzählte mir von ihrem Erlebnis in der Nacht vor dem Rückflug. Als sie nach einem letzten Einkaufsbummel in der Dunkelheit allein zurück ins Hotel ging, wurde sie von einer Gruppe einheimischer Männer belästigt. Sie hatte Angst, diese Männer würden sie in eine nahe gelegene Gasse ziehen und ausrauben oder vergewaltigen, und sie begann zu schreien, bis ihr mehrere Passanten zu Hilfe eilten. Sie erinnerte sich noch genau, dass sie wie angewurzelt stehen geblieben war. Da sie nicht in der Lage gewesen war wegzulaufen, hatte sie sich energetisch zurückgezogen.

Audrey erklärte mir, ihr Leben sei nicht so schlecht, wie man vielleicht glauben mochte, auch wenn sie fast drei Viertel ihrer Zeit im Bett verbrachte und das Haus nur einmal alle zwei Wochen verließ, um mit einer Freundin Lebensmittel einzukaufen. Als ich mich schockiert darüber äußerte, dass sie das elf Jahre lang ertragen hatte, erwiderte sie, sie habe ihre Definition von Glück den Lebensumständen angepasst, und sei eigentlich ganz zufrieden. Sie fühlte sich reich beschenkt durch die Fürsorge und Aufmerksamkeit, mit der ihre Mutter sie überschüttete.

Ich erklärte ihr, dass sie nicht mehr ans Bett gefesselt sein musste, um sich geborgen und geliebt zu fühlen. Als wir ihr aktuelles Glaubenssystem untersuchten, wurde ihr klar, dass ihre alten Ängste und Befürchtungen keine Grundlage mehr hatten. Die Angst, in einer dunklen Gasse angesprochen zu werden, war nur noch eine schwache Erinnerung. Sie musste sich auch nicht vor einem stressigen Job oder einem teuren Lebensstil fürchten, denn sie hatte beides schon lange aufgegeben. Kurz: Nach elf Jahren brauchte sie keine Angst mehr davor zu haben, wieder gesund zu werden.

Audrey profitierte jedoch eindeutig von ihrer Krankheit: Ihr Herzenswunsch, dass sich jemand um sie kümmerte, wurde erfüllt. Sie war als talentierte und begabte Geschäftsfrau anerkannt, doch sie verzehrte sich geradezu nach der liebevollen Fürsorge, die sie als kleines Kind vermisst hatte. Als ich sie behutsam darauf aufmerksam machte, dass sie sich wünschte, umsorgt zu werden, war sie entsetzt: Es sei unerhört, zu glauben, sie wünsche sich eine Krankheit. Aber alles wies darauf hin, dass sie lieber krank als gesund sein wollte. Die Krankheit garantierte ihr die Aufmerksamkeit, nach der sie sich so verzweifelt sehnte. Die Wahrheit zuzugeben, nämlich, auf einer tiefen, unbewussten Ebene gar nicht gesund werden zu wollen, hätte sie bestimmt geheilt.

Als ich Audrey das letzte Mal sah, brachte ein Freund sie mit zu einem meiner Workshops. Ihre Krankheit war jetzt so weit fortgeschritten, dass sie sich nur noch für ein paar Minuten in ihrem Rollstuhl aufrichten konnte. Sie war schwer gezeichnet, grau und aschfahl – eine fünfundvierzigjährige Frau im Körper einer Fünfundachtzigjährigen – eine tragische Hingabe an die Krankheit auf der unbewussten Suche nach elterlicher Liebe.

Krebs heilen

Hans kam nach einer Darmkrebs-Operation in meine Praxis. Er hatte bereits mit der Chemotherapie begonnen. Beruflich war er sehr ehrgeizig und genoss als Vizepräsident einer Handelsfirma alle möglichen materiellen Vorzüge. Bei der Untersuchung seines Energiefelds entdeckte ich hinter der kompetenten Fassade einen verängstigten kleinen Jungen. Er hatte sein ganzes Leben lang hart gearbeitet, um sich zu beweisen, und war immer besser als alle anderen. Aber wie so vielen dieser arbeitswütigen Menschen mangelte es ihm an Liebe.

In der ersten Sitzung erklärte mir Hans, sein Leben sei von einer stetigen Folge von Unfällen geprägt. Es überraschte mich nicht, das zu hören, denn sein erstes Energiezentrum war nicht in Ordnung. Wie bei so vielen meiner Patienten mit gestörtem

Wurzelchakra brannte zwar das Licht, aber es war niemand zu Hause. Unfälle sind oft ein typisches Zeichen dafür, dass jemand nicht in seinem Körper präsent ist. Die zahlreichen Unfälle in seiner Kindheit und die vielen Auto-, Ski- und Motorradunfälle, die ihm als junger Mann zugestoßen waren, zeigten deutlich, dass er gar nicht hier sein wollte. Er berichtete mir von der Befürchtung seiner Frau, dass er auf den einen „großen" Unfall zusteuere, der ihn schließlich umbrächte. Zudem war er sehr unruhig und konnte nicht stillsitzen – zwei weitere Anzeichen dafür, dass jemand mehr außerhalb seines Körpers ist als darin. Hans war sehr besorgt, weil er bislang nicht auf die Chemotherapie angesprochen hatte. Er hatte Angst zu sterben. Ich half ihm zunächst, seine Angst abzubauen, damit er nachts wieder schlafen konnte.

Nach einigen Sitzungen fragte ich ihn behutsam nach seiner Kindheit. Mit flacher, monotoner Stimme erzählte er mir seine Geschichte. Er war in Schweden aufgewachsen, als Dritter von

Seien Sie achtsam ...
Unfälle sind keine Unfälle

Unfälle sind Mechanismen, derer sich unser Körper bedient, um unsere Aufmerksamkeit zu erregen. Ob es sich nun um einen Autounfall oder eine Sportverletzung handelt oder ob wir gegen eine Wand fahren – all das sind Hinweise dafür, dass wir nicht wirklich in unserem Körper präsent sind, dass etwas unseren Fokus abgelenkt hat. Unfälle schleudern uns zurück in die Realität, manchmal sogar im wörtlichen Sinn. Auf diese Art sagen uns unser Körper und das Universum: „Hey, pass auf! Du bist wichtig!"

Wahrheit heilt

sechs Geschwistern. Seine Eltern waren beide berufstätig. Obwohl sie ziemlich wohlhabend waren, hatten sie nicht so viele Kinder gewollt. Weil Hans kräftiger war als seine Geschwister, musste er als Sündenbock herhalten. Seit er zwei war, schlug sein Vater ihn mit dem Stock und sperrte ihn oft stundenlang in den Schrank ein. Seine Mutter hatte ihn nicht gestillt und er bekam keine liebevolle Pflege, Zuwendung oder Fürsorge. Hans' prägendste Kindheitserinnerung war, immer Hunger zu haben.

Sein Vater untergrub sein Selbstbewusstsein noch mehr, indem er ihn immer wieder als „schwer von Begriff" bezeichnete. Als er mit sechs Jahren zu seiner Tante und seinem Onkel abgeschoben wurde, konnte er immer noch nicht lesen. Sein Onkel, der Bruder seines Vaters, schlug ihn ebenfalls. Als er neun war, fand man dann die Ursache seiner Leseschwäche heraus: Hans brauchte eine Brille. Aber der Schaden war bereits angerichtet. Mit elf Jahren wurde er aufs Internat geschickt und fühlte sich noch mehr im Stich gelassen. Sein Selbstbild hatte sich bereits gefestigt: *Ich bin wirklich nicht in Ordnung.*

Weil er so schnell wie möglich von seiner Familie weg wollte, zog Hans mit achtzehn in die USA und heiratete kurz darauf eine Amerikanerin. Als seine Frau ihn wenige Jahre später verließ, war er am Boden zerstört. Der Verlust verstärkte noch den Schmerz über die Ablehnung durch seine Eltern.

Jeglicher Missbrauch ist schädlich, aber noch schlimmer wird er, wenn er von der eigenen Familie oder der Gemeinschaft ausgeht, weil das unser Urvertrauen zerstört. Die Welt, so hatte Hans gelernt, war ein sehr unsicherer Ort, und nach diesem energetischen Muster lebte er immer noch. Szenen seiner Kindheit liefen in seinem Unterbewusstsein ab wie ein Film. Und sie übermittelten ihm immer wieder die Botschaft: *Du bist hier nicht erwünscht! Verschwinde!*

Missbrauch und Traumata zerstören unsere Energiefelder. Sie schlagen sich in Form von Krankheiten und allen möglichen emotionalen, finanziellen oder zwischenmenschlichen Störungen nieder. In Hans' Fall hatte das Wurzelchakra den größten Teil seiner schmerzlichen Kindheitserlebnisse abbekommen. Diese Störung wirkte sich auch auf den benachbarten Darmbereich aus, wo all die schmerzhaften, unangenehmen Energien seiner Kindheit gespeichert waren.

Indem wir seine Aufmerksamkeit auf das Basiszentrum lenkten, konnten wir einen Großteil der alten negativen Energie befreien. All die Schläge, die Verachtung und Hänseleien seines Vaters waren in seinem Körper als „Schreckensenergie" gespeichert.

Wie konnte Hans' Darmkrebs mithilfe der Wahrheit heilen? Nach vierzig Jahren der Unterdrückung, die sich zu Krankheit verdichtet hatten, vertraute er mir im geschützten Raum meiner Praxis seine Kindheitserlebnisse an, die er nie jemandem erzählt hatte. Diese Wahrheit befreite ihn, so dass er sich energetisch öffnen konnte. Indem er die Worte laut aussprach – die Wahrheit über seine Angst, seine Wut, seine Scham und Trauer – löste er die angestaute Energie und vertrieb die Krankheit aus seinem Körper. Die verdrängte Wahrheit hätte ihn fast umgebracht. Als ihm der Zusammenhang zwischen seinen Kindheitserfahrungen und den Krankheiten, Unfällen und Schmerzen klar wurde, die er in sein Leben geholt hatte, konnten wir die Blockaden lösen, die seiner Heilung im Weg standen.

Indem wir seinen Körper von den Rückständen seiner unterdrückten Schreie und Tränen reinigten, erlaubten wir seiner Chemotherapie, effektiver zu wirken. Erfahrungsgemäß beginnen medizinische Behandlungen, die vorher nicht gegriffen haben, dann anzuschlagen, wenn das Energiesystem von der blockierenden negativen Energie befreit ist. Hans' Darmkrebs ist mittlerweile vollständig ausgeheilt, und er hatte auch keine Unfälle mehr. Bis heute ist er vollkommen gesund.

Häufig versuchen mehrere Körperbereiche, die Erschütterungen im System zu kompensieren. Bei Hans war auch der Solarplexus, der Sitz des Selbstwertgefühls (siehe drittes Chakra), in Mitleidenschaft gezogen. Während die Wahrheit ihm half, von Krebs zu genesen, war weitere Unterstützung nötig, um die Scham und Trauer darüber, nichts wert und nicht gewollt zu sein, zu überwinden.

Heilung ist immer ein Prozess. Um Körper und Geist ins Gleichgewicht zu bringen, müssen wir auf die Botschaften unseres Körpers hören und unsere Glaubenssätze überprüfen, damit wir loslassen können, was wir nicht mehr brauchen. Hans musste sehr hart arbeiten, damit Heilung in sein Leben kam. Zunächst galt es, die Verbindung zwischen dem früher erlebten Schmerz und seinem gegenwärtigen Gesundheitszustand zu erkennen. Ich empfahl ihm zu meditieren, um Klarheit zu finden und sich im Jetzt zu verankern. Außerdem regte ich ihn dazu an, wieder Gartenarbeit zu machen, weil er sich damit energetisch aufladen und erden konnte.

Ein ausgeglichenes erstes Chakra

Die Voraussetzungen für ein voll integriertes, gesundes erstes Chakra sind Vertrauen und Sicherheit, Geborgenheit und Überlebensgarantie sowie eine solide Verbindung zur Familie und Gemeinschaft. Ein Mensch mit einem stabilen Fundament fühlt sich in seinem Körper zu Hause, ist gut in der Welt verankert und überzeugt: „Die Erde ist ein sicherer Ort, und ich möchte jetzt hier sein." Er hat vermutlich einen starken Lebenswillen und strahlt Lebendigkeit und Vitalität aus.

Ein gutes Beispiel für jemanden mit einem funktionierenden, voll integrierten ersten Chakra ist die beliebte Talkshow-Moderatorin und Philantropin Oprah Winfrey. Sie sprüht vor Lebendigkeit, ist mit ihrer Familie (in diesem Fall mit der ganzen Welt) verbunden und hundertprozentig präsent und geerdet. Sie hat viel dafür getan, sich von dem Missbrauch zu heilen, den sie in ihrer Jugend erlitt. Wie sie sehr treffend feststellte, „sind wir nicht das, was mit uns geschieht; vielmehr haben wir die Wahl, *wie wir mit dem umgehen wollen*, das mit uns geschieht." Ihre Sicherheit kommt von innen, und sie verkörpert Fülle und Vertrauen ins Leben.

Checkliste

Um den Zustand Ihres ersten Energiezentrums zu überprüfen, beantworten Sie bitte ehrlich die folgenden Fragen:

1. Habe ich Traumata wie schwere Krankheiten, Unfälle, Operationen, Missbrauch oder erschütternde Ereignisse durchlebt?

2. Bin ich bei Routinetätigkeiten oft innerlich abwesend? Verweile ich in einer anderen Welt, wenn ich dusche, putze, Auto fahre oder trainiere?

3. Habe ich eine der auf den Seiten 26/27 beschriebenen Krankheiten?

4. Habe ich ein gesundes Immunsystem oder fange ich mir einen Virus nach dem anderen ein?

5. Fällt es mir leicht mich zu zentrieren, oder bin ich ängstlich und unruhig?

6. Habe ich einen niedrigen Energiepegel?

7. Habe ich mein Leben nicht im Griff, oder vernachlässige ich meinen Körper?

8. Leide ich unter übertriebenen Ängsten oder Phobien?

9. Sperre ich mich übermäßig gegen Veränderungen?

Wahrheit heilt

Wenn Sie bei der Beschäftigung mit diesen Fragen zu dem Schluss kommen, dass Ihr Wurzelzentrum nicht optimal arbeitet, sollten Sie sich die Zeit nehmen und darüber nachdenken, welches länger zurückliegende oder aktuelle Erlebnis Ihnen das Gefühl gab, unsicher, außer Kontrolle oder machtlos zu sein. Berücksichtigen Sie dabei auch pränatale Schwierigkeiten oder Operationen. Außerdem sollten Sie bedenken, dass Sie möglicherweise traumatische Erlebnisse aus Ihrer Kindheit verdrängt haben und sich nicht mehr daran erinnern können – eine ganz normale Reaktion auf belastende Situationen. Als Kinder müssen wir oft bestimmte Erlebnisse verdrängen, doch als Erwachsene können wir uns Hilfe suchen, um die traumatischen Folgen zu verarbeiten.

Lassen Sie mich Eines ganz klar sagen: *Man muss ein Ereignis nicht in allen Einzelheiten erinnern oder nacherleben*, um davon geheilt zu werden. Wir verdrängen bestimmte Erlebnisse, weil sie zu schmerzhaft oder zu gefährlich sind. Für die Heilung müssen wir uns lediglich bewusst werden, wie wir uns jetzt fühlen. Wenn wir vermuten, dass unsere heutigen Gefühle von unerlösten Erlebnissen der Vergangenheit herrühren, müssen wir uns diese wieder ins Bewusstsein rufen, ohne uns über alle Einzelheiten den Kopf zu zerbrechen.

Wenn wir in unserem Körper geerdet sind, erfahren wir tief in uns: „Ich bin hier und ich bin in Sicherheit." Präsenz ist unerlässlich für die Gesundheit, denn man kann so leicht die Bodenhaftung verlieren. Allein wenn wir uns die Nachrichten ansehen, können wir manchmal schon in Panik geraten. Wir verbinden unseren Körper wunderbar wieder mit der Erde, wenn wir barfuß übers Gras wandern oder am Strand spazieren gehen. Oder Sie laufen durch einen Park, erforschen die Wildnis – oder lehnen sich einfach mit dem Rücken an einen Baum. Ja, Sie können *jetzt hier sein*.

Das zweite Energiezentrum

KAPITEL ZWEI

Scham, Scham, hau ab!

Im Kindergarten zeigte ich meinen kleinen Freunden all die geheimen Dinge, die ich auf Daddys Knien gelernt hatte. Naja, nicht direkt auf seinen Knien. Diese Geheimnisse waren etwas ganz Besonderes, viel zu heikel, um mich im Klassenzimmer damit zu brüsten. Trotzdem waren meine Freunde vollkommen fasziniert davon. Die Nonnen in der Schule sprachen nie über solche Dinge. Genauso wenig wie meine Mutter.

Die erste Gelegenheit, das von Daddy Gelernte zu üben, ergab sich mit meinem dreißigjährigen Judolehrer. Damals war ich fünfzehn. Hinterher sagte er zu mir: „Wo hast du eigentlich gelernt, so gut zu blasen?"

Blowjobs waren nicht nur meine Spezialität, sondern sogar mein Lebenszweck. Ein guter Blowjob konnte mir zu einem der begehrten Halbtagsjobs im College verhelfen; von meinem Juraprofessor bekam ich dafür im Examen Bestnoten, und ich verdankte dieser Fertigkeit auch das begehrte Eckbüro in der Kanzlei. A propos die Kanzlei: Ich habe die Karriereleiter sozusagen auf Knien erklommen. Von der Partnerin zur Senior-Partnerin in der Rekordzeit von zwei Jahren, war ich stets nur einen Blowjob von der nächsten Sprosse entfernt.

Dann baute ich meine spezielle Praxis weiter aus. Weder geg-
nerische Anwälte noch Richter waren gegen meine Zauberkräfte
immun. Aber meine Mandanten, fast alles Männer mit Vermögen
und Einfluss, die bei mir juristischen Beistand suchten, waren mir
am liebsten. Nie verwehrte ich einem bedürftigen Mann etwas, und
viele meiner Mandanten waren bedürftig. Jeder Einzelne von ihnen
erinnerte mich an Daddy. Sie kamen, um sich von mir beraten zu
lassen, und ich gab ihnen viel, viel mehr.

In einer idealen Welt ist die Kindheit geprägt von Liebe,
Fürsorge, Spiel, Geborgenheit und Sicherheit. Unsere Eltern sind
unsere Beschützer. Es ist ihre Aufgabe, für uns zu sorgen und uns
zu behüten. Als Kinder sind wir neugierig auf alles, auch auf unseren Körper. Es ist ganz natürlich und unschuldig, ihn mit all
unseren Sinnen zu erforschen. Kinder, die auf die richtige Art und
Weise berührt, gestreichelt und umarmt werden, entwickeln ein
sehr deutliches Gefühl für sich selbst, weil die Aufmerksamkeit,
die sie bekommen, ihnen Klarheit und Sicherheit vermittelt. Kinder, die von ihren Eltern mit klaren Grenzen erzogen werden,
entwickeln auf ganz natürliche Weise auch eigene Grenzen. Sie
wissen, wie sie Nein sagen können, wenn sich etwas nicht richtig
anfühlt. Sie lernen den natürlichen Fluss des Gebens und
Nehmens von Lust und Vergnügen.

Mein Vater erweckte das Lustprinzip in mir, als ich noch sehr
klein war. Ich liebte ihn mehr als alles auf der Welt, aber ich war
zutiefst verwirrt, wenn seine Hände, die mich zunächst auf eine
liebevolle, fürsorgliche Art berührt hatten, sich plötzlich wie Ein-
dringlinge anfühlten. Ich verstand seine drängenden, fieberhaften
Gesten nicht – Daddys Stimme und sein Gesicht machten mir
plötzlich Angst. Nach diesen „Episoden" war mein Vater immer

voller Bedauern und Reue und es grauste ihn vor sich selbst. Ihm war bewusst, dass er etwas absolut Falsches getan hatte, doch er verstand nicht, woher dieser schreckliche Drang gekommen war.

Ich weiß nicht, wie weit der heimliche Inzest in der Familie meines Vaters zurückgeht. Solche Geheimnisse sind explosiv; früher oder später entladen sie sich. Scham – alte, übernommene Scham – hat unglaubliche Macht. Wenn man sich nicht mit ihr befasst und sie heilt, wird sich das alte Muster wiederholen. Als Kind war mein Vater einem sexuellen Übergriff in seiner eigenen Familie zum Opfer gefallen. Der sexuelle Missbrauch entmachtete ihn, wie es bei allen Kindern der Fall ist. Es geht bei sexuellem Missbrauch weniger um Sex als um Macht. Mein Vater konnte sich gegen das, was ihm zustieß, nicht wehren, und Jahre später gab er den Alptraum von Scham und Machtlosigkeit an mich weiter.

Dass die „Sünden der Väter" sich im Leben ihrer Kinder manifestieren, ist über kulturelle und wirtschaftliche Grenzen hinweg zu beobachten. Unser als sündig empfundenes Verhalten rührt häufig von den Lügen her, die wir uns einreden, von den Halbwahrheiten oder verzerrten Darstellungen, die wir mit der Muttermilch aufgesogen haben. Meist läuft der Prozess, der diese Lügen fortbestehen lässt, vollkommen unbewusst ab. Dennoch ist er alles andere als harmlos, denn die Lüge macht uns krank. Solche Verzerrungen der Wahrheit haben ihre eigene Energie und können den Verlauf unseres Lebens stark beeinträchtigen.

Nehmen Sie etwa die talentierte Schauspielerin und Sängerin Lindsay Lohan, die bereits im Alter von drei Jahren für Ford als Model arbeitete, und ihren Vater Michael, einen ehemaligen Schauspieler, Geschäftsmann und Investmentbanker. Sein gesamtes Leben steht im Zeichen der Sucht. Er wurde wegen Versicherungsbetrugs verurteilt und musste für drei Jahre ins Gefängnis, als Lindsay noch ein Kind war. 2005 wurde er wieder für zwei Jahre ins Gefängnis gesteckt, diesmal wegen „vorsätzlichen Fahrens ohne Führerschein" und versuchter Körperverletzung. Lindsay, die die Familientradition fortführt, wurde zweimal wegen Alkohol- und Drogenmissbrauch am Steuer festgenommen. In beiden Fällen fand man auch noch Kokain bei ihr. Der Vater gab seine Verhaltensmuster an seine älteste Tochter weiter, die wiederum ihr entsprechendes Zeitpensum in einer Entzugsklinik für Drogen- und Alkoholsucht verbrachte. Nach der Scheidung ihrer Eltern hatte sie sich mit ihrem Vater zerstritten, doch schließlich nahm sie wieder Kontakt mit ihm auf. Michael ist seit einigen Jahren clean und hilft anderen Süchtigen. Lindsay gab öffentlich zu, dass sie sich schwer ranhalten müsse, wenn sie ihre eigene Sucht besiegen wolle.

Wir wissen natürlich, dass Vererbung bei Suchtverhalten eine Rolle spielt, genau wie ein generationsübergreifendes Muster des Verleugnens. Sobald ein Süchtiger nicht mehr verdrängt und so tut, als sei sein Drogenkonsum „normal" (sprich kein Problem), kann sich sein Bewusstsein erweitern, und ihm werden die Augen für seinen Anteil an seiner misslichen Lage geöffnet. Erst dann kann er ehrlich mit sich selbst sein und die Wahrheit aussprechen. Diese Schritte sind absolut unerlässlich, um sein Verhalten tatsächlich zu verändern und innerlich zu wachsen. Indem Michael Lohan authentisch und offen wurde, wandelte er seine „Scham" in ein leidenschaftliches Bekenntnis zur Wahrheit um. Er deckte die Familienlüge auf und brach auf diese Weise mit dem energetischen Muster, das sich im Laufe der Zeit zum „Fluch der Familie" entwickelt hatte.

Wir alle haben eine dunkle Seite – die Anteile von uns, die uns nicht liebenswert erscheinen oder von der Gesellschaft verurteilt werden. Als Kinder bringt man uns dauernd bei, unsere spontanen Regungen zu unterdrücken: „Tu das nicht, sonst hat Mami dich nicht mehr lieb." Wir werden mit Liebesentzug bestraft, wenn wir ungezogen sind, zu ausgelassen oder zu laut, oder wenn wir zu lang, zu viel oder „zur falschen Zeit" weinen. Unerlöste Traumata oder schmerzliche Erfahrungen machen diese unheilvolle Mischung komplett. All diese kleinen Erlebnisse führen zu immer mehr Unterwerfung und Selbstverleugnung und lassen die dunkle Seite unserer Persönlichkeit an Substanz gewinnen. Für die meisten von uns ist diese Seite zwar unbequem, setzt uns aber nicht unbedingt vollständig außer Gefecht. Doch die menschliche Natur bietet eine große Bandbreite an Ausdrucksmöglichkeiten, und die dunkle Seite kann sich zu pathologischer Größe auswachsen, wie es bei O.J. Simpson oder Charles Manson der Fall war.

Je mehr wir versuchen, diese unerwünschten Aspekte zu leugnen oder zu vermeiden, desto eher drängen sie an die Oberfläche – meist in unerwarteten Momenten und auf peinliche Weise. Als Mel Gibson in Malibu wegen Trunkenheit am Steuer festgenommen wurde, spottete die gesamte Presse über ihn. Es war nicht nur seine dunkle Seite, die Trunksucht, zutage getreten (wie wir sehen werden, hat der stoffliche Missbrauch fast immer mit dem zweiten Chakra zu tun), sondern zusätzlich hatte der Alkohol seine Zunge gelöst. Die antisemitischen Beschimpfungen, die er dem diensthabenden Polizisten an den Kopf warf, lösten einen ziemlichen Skandal aus, besonders vor dem Hintergrund, dass die jüdische Gemeinde seinen Film *Die Passion Christi* als antisemitische Propaganda kritisierte. Gibsons Vater goss mit seinen aufhetzerischen Ansichten, der Holocaust werde „übertrieben" dargestellt, noch mehr Öl ins Feuer.

Drogenmissbrauch und Suchtverhalten allgemein haben mit der emotionalen Wirklichkeit des „verlorenen Kindes" zu tun und sind im zweiten Chakra angesiedelt. Die Sucht – ob es nun um Drogen, Alkohol, Essen, Sex oder andere Substanzen oder Verhaltensweisen geht – dient als Verbindungsglied zwischen dem bewussten, kompetenten Selbst (Mel Gibson als weltbekannter Schauspieler und Produzent) und dem Teil von uns, dessen Bedürfnisse als Kind nicht erfüllt wurden (Mel Gibson als sechstes von elf Geschwistern, dessen fundamentalistischer, katholischer Vater seine Kinder nach strikten moralischen Grundregeln erzog) und der keine andere Wahl hat, als seiner verdrängten Wut Luft zu machen (Mel Gibson, betrunken und enthemmt). So gesehen ist die Sucht selbst ein mächtiger Fingerzeig, der uns helfen kann, die darunterliegende schmerzliche Wahrheit zu sehen, zu fühlen und auszusprechen, damit Heilung möglich wird. Aber bis wir uns daran machen, unsere eigene Wahrheit ans Licht zu bringen, leben wir unsere dunkle Seite immer wieder aus.

Vorurteile basieren auf Einstellungen und Überzeugungen, die uns eingeimpft wurden, als wir noch zu jung waren, um sie kritisch zu hinterfragen und uns eine eigene Meinung zu bilden. Bevor diese Überzeugungen zu ernsthaften Problemen werden, haben wir kaum Grund, an ihnen zu zweifeln oder sie zu ändern. Bewusstwerdung ist fast immer der erste Schritt zur Wahrheit, und oft wird sie durch ein überraschendes oder unerwartetes Ereignis ausgelöst, das uns aus unserer Verdrängung herausreißt. Wir können uns der Wahrheit annähern, wenn wir zum Beispiel Rassismus als einen Ausdruck unserer kollektiven dunklen Seite betrachten – die nicht hinterfragte, unerlöste, verdrängte Seite in uns allen in einer Gesellschaft, die noch vor nicht allzu langer Zeit die Unterdrückung eines Volkes durch ein anderes guthieß und immer noch in Kategorien wie wir/sie, überlegen/unterlegen denkt.

Wenn ein Mensch die Wahrheit sagt, hat das eine heilende Wirkung auf uns alle. Es gibt keine Tat, die nicht vergeben und geheilt werden kann. Wir alle sind als Teile des globalen Energiefelds miteinander verbunden. Wir erkennen die Wahrheit, wenn sie ausgesprochen wird, wir spüren, wie die Wellen der Wahrheit in die Welt hinausgehen und das Leben der Menschen berühren; ja sogar das gesamte Universum atmet ein wenig leichter, wenn ein Mensch die Wahrheit ausspricht oder anerkennt und dadurch alte Lügen aufdeckt.

Das zweite Energiezentrum: Das Sexualchakra

Wenn unser Bild von Sexualität und persönlichen Beziehungen in jungen Jahren gestört wird, schlägt sich das im Körper nieder. Der sexuelle Missbrauch, den ich erlitt, verursachte Störungen in meinem zweiten Chakra – dem Energiezentrum etwa acht Zentimeter unterhalb des Bauchnabels. Dieses Zentrum, der Sitz von Sinnlichkeit, Sexualität, Gefühlen und dem inneren Kind, bestimmt unser Gruppenverhalten, unsere Abgrenzung gegenüber anderen und unsere Lust. Die Grundlage allen zwischenmenschlichen Verhaltens – die Fähigkeit, zu geben und zu nehmen – wird in diesem Zentrum geschaffen.

Wenn das zweite Chakra gestört ist, können wir uns möglicherweise schlecht abgrenzen und ziehen Menschen an, die unsere Grenzen überschreiten – oder deren Grenzen wir überschreiten. Es kann aber auch sein, dass wir andere zu Opfern machen oder selbst zu Opfern werden. Vielleicht sind wir übertrieben verführerisch, manipulativ, ehrgeizig, abhängig, verhalten uns wie Märtyrer oder werden sex-, drogen- oder alkoholsüchtig. Oder wir setzen unsere Werte für Sex, Geld oder Macht aufs Spiel, werden zu gierig und häufen Geld an, oder wir bekommen im Gegenteil finanzielle Probleme oder sinken sogar in die Armut ab.

Menschen mit einem gestörten zweiten Energiezentrum können vielerlei körperliche Probleme bekommen, wie etwa:

- Sexuelle Störungen, Impotenz, Frigidität oder Promiskuität
- Bei Frauen: Fibrosen, Endometriose, Beckenentzündungen, Zyklusstörungen, Zysten oder Krebs an den Eierstöcken
- Bei Männern: Prostataprobleme oder -krebs
- Entzündliche Darmkrankheiten, Dickdarmgeschwüre, Morbus Crohn, Divertikulitis
- Blinddarmentzündung
- Chronische Schmerzen im unteren Rücken oder Ischias
- Blasenprobleme
- Probleme beim Harnlassen

Opfer von sexuellem Missbrauch leiden oft unter Störungen des zweiten Energiezentrums und den damit verbundenen Krankheiten. Obwohl das nur selten anerkannt wird, sind Kinder tatsächlich sehr sexuelle und sinnliche Wesen. Wenn das Lustprinzip in einem Kind zu früh erweckt wird, verbindet sich die Lust mit Scham. Der Cocktail von Gefühlen, die dadurch in einem Kind ausgelöst werden – eine ungesunde Mischung aus Angst, Verwirrung, Aufregung, Schrecken und manchmal auch Lust – ist mächtig und schädlich. Wenn das Kind dann zusätzlich *nichts verraten darf*, erzeugt dies eine unheilige Allianz von Lust und Scham.

Zunächst spürt das Kind die Scham des Täters, die dieser im Energiefeld des Kindes hinterlässt. Das Kind übernimmt sie und fügt später noch die eigene Scham hinzu.

Scham ist eine sehr dichte, zähe Energie. Kinder übernehmen sie, als sei sie ein untrennbarer Teil von ihnen. Je länger sie schweigen und den Mantel der Scham tragen, desto eher übernehmen sie diese Scham als Erwachsene und finden unbewusst Wege, sich selbst und andere immer wieder zu beschämen. Erwachsene wie mein Vater, die in der Trance der Scham gefangen sind, fühlen sich vielleicht unbewusst von der Unschuld und dem reinen Geist eines Kindes angezogen. Sie erinnern sich möglicherweise nicht, wie sie selbst missbraucht wurden, weil sie das verdrängt haben. Trotzdem lebt diese verdrehte, beschämende Energie in ihnen weiter. Wie ein Strudel wirbelt sie durch ihre Energiefelder und Körperzellen. Als sprichwörtliches Kraftfeld im Körper und im Unterbewusstsein lässt diese Scham sie dann den Missbrauch ausagieren und das wiederholen, was ihnen selbst angetan wurde.

Mein Vater missbrauchte mich, bis ich zwölf war; dann hörte er ganz plötzlich damit auf. Der Teil von mir, den ich „Cindy" nannte, ertrug den Hauptteil des Missbrauchs und hielt die schlimmsten Dinge aus meinem Bewusstsein fern. Am Ende kam die Wahrheit trotzdem unausweichlich ans Licht, sosehr ich auch dagegen ankämpfte . Da ich kein anderes Ventil für meine unterdrückte Wut und Scham hatte, begann ich mit fünfzehn, meine Sexualität auszuagieren, indem ich ein ungezügelter Teenager und später eine noch ungezügeltere Erwachsene wurde. Ich pendelte unablässig zwischen manischen und depressiven Phasen hin und her, trank sehr viel, war promiskuitiv und bekam alle möglichen Krankheiten.

All das war in Wirklichkeit ein lauter, verzweifelter Hilfeschrei meiner Seele. Meine Mutter schämte sich für mein unglaubliches Benehmen, das ganz und gar nicht den Vorstellungen ihrer katholischen Erziehung entsprach. Sie brachte mich zu einem Psychiater und bat ihn: „Bringen Sie sie wieder in Ordnung!" Der Psychiater, mehr Voyeur als Therapeut, schien Vergnügen an den Schilderungen meiner sexuellen Eskapaden zu finden. Nie kam er auf die Idee, dass es einen Zusammenhang zwischen meinem Verhalten und einem möglichen sexuellen Missbrauch geben könnte, und ich verriet ihm auch nichts davon.

Die Macht der Scham

Viele von uns brauchen Jahre, bis sie den Mut finden, die Wahrheit auszusprechen und anzuerkennen. Diejenigen unter uns, die das Schweigen gebrochen haben, können andere unterstützen. Wir führen sie über den Abgrund aus Angst, Selbstverdammnis und Scham, damit sie ihre Wahrheit aussprechen können, die seit Jahren ans Licht drängte.

Die Scham will sich zeigen, aber sie findet keinen Weg. Das Kind will alles sagen, aber es darf nicht. Es will schreien, doch es traut sich nicht. Dieser Mitteilungsdrang wird also unterdrückt. Wenn wir die Scham nicht heilen, sind wir dazu verurteilt, deren Auswirkungen zu reproduzieren, sie vielleicht ein Leben lang auszuagieren. Um es mit einem abgewandelten Kinderreim auszudrücken: *Scham, Scham, hau ab!* Aber sie wird nicht abhauen, bis ihre tiefste Wahrheit gefahrlos ausgesprochen und dadurch transformiert werden kann. Denn sonst wird sie tatsächlich wieder zu uns zurückkommen, und zwar in anderer Gestalt.

Der exzentrische Unternehmer, Flieger und Filmemacher Howard Hughes ist ein tragisches Beispiel dafür, wie jemand für seine Scham mit dem Leben bezahlen musste. Der Sohn wohlhabender Eltern, bereits im Teenageralter verwaist, erbte vom Vater den Großteil des Millionenvermögens und wurde einer der reichsten Männer der Welt, getrieben von der Gier nach Sex, Geld und Erfolg. Der berüchtigte Frauenheld hatte Affären mit den berühmtesten Leinwandgöttinnen jener Zeit, darunter Katharine Hepburn und Ava Gardner. In seinen Jugendjahren beschloss Hughes, auf allen Gebieten der Beste zu werden – der beste Pilot, der beste

Filmproduzent, der beste Golfspieler. Als Präsident seiner eigenen Firma, Hughes Aircraft, entwarf und konstruierte er innovative Flugzeugtypen und brach einen Geschwindigkeitsrekord nach dem anderen. Er wurde zu einem der einflussreichsten Männer Hollywoods. Doch mit fünfzig begann sein Abstieg, Hughes Leben wurde immer mehr von seinen Zwangsneurosen dominiert.

In *Aviator*, einem an Hughes Leben angelehnten Kinofilm, bekommen wir Hinweise auf die mögliche Ursache seines exzentrischen Betragens: etwa die Szene, in der seine Mutter ihn in der Badewanne mit dem Schwamm wäscht. Diese Szene ist ziemlich verstörend und voller sexueller Untertöne; denn Howard ist eindeutig viel zu alt, um noch von seiner Mutter gebadet zu werden. Ihr Verhalten zeigt, dass sie als Frau ebenfalls nicht im Gleichgewicht ist und außerdem unter einem Waschzwang leidet. Da Howard nicht in der Lage war, sein Unbehagen direkt zu äußern, und stattdessen seine Gefühle verdrängte (wie es die meisten von uns tun), war regelrecht vorprogrammiert, dass diese intensiven Empfindungen sich bizarre Wege bahnten. Die Szene zeigt den Ursprung seines Reinlichkeits- und Ordnungswahns – und seiner späteren Rebellion dagegen. Seine Zwangsneurosen, Obsessionen, Süchte und sein elender Tod sind die tragischen Auswirkungen der Scham, die schreckliches Unheil im Leben eines Menschen anrichten kann – das zentrale Thema eines gestörten zweiten Chakras.

David ist ein anderes Beispiel dafür, wie Scham sich als Krankheit manifestiert. Er kam sehr beunruhigt in meine Praxis, weil seine Krebsvorsorgeuntersuchung ein erhöhtes Risiko für Prostatakrebs ergeben hatte. Zu Beginn unserer gemeinsamen Arbeit stellte ich fest, dass David mit sehr viel Schuld lebte. Behutsam darauf angesprochen, gab er zu, dass er unter chronischer Promiskuität litt. Obwohl er seine Frau liebte, hatte er sich während ihrer ersten Schwangerschaft auf eine Affäre eingelassen.

Anfänglich ahnte seine Frau nichts von dieser „Liebschaft", aber später entdeckte sie seine Untreue. Beide waren so verletzt, dass David kaum noch Stolz über seine Vaterschaft empfinden konnte. Doch sosehr er es auch versuchte – er konnte es einfach nicht lassen, mit anderen Frauen anzubandeln.

Ich bemerkte, dass sein zweites Energiezentrum unausgeglichen und überhitzt war. Der große Schmerz darüber, wie sehr er seine Frau verletzt hatte, saß energetisch in seinem Körper fest. Er war sehr bemüht, ihr nicht mehr untreu zu werden, zumal es beim letzten Mal einen ziemlichen Skandal gegeben hatte: Als seine Frau mit dem vierten Kind schwanger war – einem Kind, das er sich sehnlichst wünschte – hatte David eine Affäre mit einer Frau aus dem Ort. Als die Geschichte die Runde machte, wurde David klar, dass die Sache außer Kontrolle geraten war. Zu allem Überfluss war die „andere Frau" für ihre sexuellen Eskapaden berüchtigt. Wochenlang sprach die ganze Stadt über nichts anderes. David schämte sich furchtbar und war am Boden zerstört, seine Frau wiederum war so wütend und verletzt, dass sie sogar von Scheidung sprach.

Auf die Frage, warum er sich und seiner Frau auf diese Weise Schmerz zufügte, konnte er nicht antworten. Er hatte nicht die geringste Ahnung, weshalb er sich so verhielt, doch er schämte sich fürchterlich dafür. Scham erzeugt mehr Scham. Je mehr er sich also schämte, desto mehr Anlass zur Scham gab er sich mit seinem Benehmen.

David zuckte nur mit den Achseln, als ich ihn das erste Mal nach seiner Kindheit fragte. Später erzählte er mir von seiner tiefen Trauer über den frühen Tod seiner Mutter, als er erst sechs Jahre alt war. Seither war sein Bedürfnis nach Trost unstillbar. Er klammerte sich an jede verfügbare Frau – Lehrerinnen, Tanten, die zahlreichen Freundinnen seines Vaters – aber er fand nie den dauerhaften Trost, nach dem er sich so sehr sehnte. Ein furchtbarer Gedanke hatte von ihm Besitz ergriffen: *Wenn ich meine Mutter mehr geliebt hätte, wäre sie nie gestorben.* Irgendwie hatte er das Gefühl, er sei für ihren Tod verantwortlich. Darüber schämte er sich furchtbar und glaubte fest, dass er jede Frau verlieren würde, egal, wie sehr er sie liebte.

Als ich ihn dabei unterstützte, die Trauer und die Scham loszulassen, die in seinem Energiefeld gespeichert waren, wurde David der Zusammenhang zwischen seiner Promiskuität und dem Verlust seiner Mutter klar. Als Erwachsener erkannte er in seinem Verhalten den Versuch, sein kindliches Bedürfnis nach einer warmen, mütterlichen Präsenz zu stillen. Sein fast schon pathologisches Begehren nach dem warmen Köper jeder x-beliebigen Frau begann abzunehmen. Er erkannte, dass er für sich selbst sorgen konnte und keine Frauen brauchte, um zu überleben. Er hatte den Schmerz und die Trauer über den Verlust seiner Mutter nie gefühlt oder ausgedrückt, sondern immer nur verdrängt. David

Wasser heilt

Wasser kann heilend wirken. Lassen Sie sich ein Bad ein, geben Sie je ein Pfund Meersalz und Natron dazu und baden Sie mindestens zwanzig Minuten darin. Lassen Sie zu, dass Ihre alten Gefühle und Gedanken über die Vergangenheit vom Salzwasser weggespült werden. Stellen Sie sich vor, wie all die Schuld oder Scham sich im Badewasser auflöst. Waschen Sie sie weg und sagen Sie dabei laut: „Ich sage die Wahrheit und bekenne mich zu meiner wahren Natur. Ich bin echt. Ich bin rein."

versuchte, auf kindliche Art und Weise die Gefühle von Verlust und Trauer zu lindern, indem er sein Leben durch zahlreiche Liebschaften überschattete.

Diese Erkenntnis war extrem wichtig für ihn, um sich von seiner Sexsucht zu befreien. Als wir Davids Energiefeld und seinen Körper in den darauffolgenden Monaten von der negativen Energie befreiten, verbesserte sich auch der Zustand seiner Prostata. Er berichtete, dass die anschließenden Untersuchungen dies weiter bestätigten.

Obwohl er sich nicht mehr so sehr um seine Prostata sorgte, kam David wieder zu mir, als er sich sein Alkoholproblem eingestehen konnte. Ich gab ihm einen Fragebogen der Anonymen Alkoholiker (AA), und seine Antworten sprachen Bände. Er passte genau auf das Profil eines Alkoholikers, wollte aber zunächst nicht zugeben, wie ernst sein Problem war. Alkohol war ein wesentlicher Bestandteil seines Lebens: Seine Freunde, seine Familie und seine Kollegen tranken alle. Enthaltsamkeit bedeutete einen radikalen Bruch mit dieser liebgewonnenen Gewohnheit. Doch David wusste, dass er in Schwierigkeiten steckte. Er entschied sich, mit dem Trinken aufzuhören und die Treffen der Anonymen Alkoholiker zu besuchen. Aus eigener Erfahrung konnte ich bestätigen, dass der Missbrauch jeglicher Substanzen dazu dient, unangenehme Gefühle auszublenden. Zunächst fühlen wir uns durch die Droge gut. Alles Unangenehme verblasst, und wir glauben, wir wären die Größten und könnten mit allem fertig werden. Nach und nach zeigt sich jedoch der negative Einfluss der Sucht auf unser Leben. Und auf die Dauer verlangt sie einen hohen Preis von uns.

Meisterinnen der Verführung

Als Erwachsene konfrontierte ich meine Mutter mit dem sexuellen Missbrauch durch meinen Vater. Zuerst räumte sie ein, dass tatsächlich etwas vorgefallen sein könnte. Später stritt sie ab, davon gewusst zu haben, aber ich erinnere mich noch sehr gut daran, dass sie uns mehr als einmal durch einen Spalt in meiner Schlafzimmertür beobachtete. Sie verachtete uns beide und war überzeugt, dass ich, ein kleines Mädchen von sechs Jahren, ihren Mann verführt hatte – die sprichwörtliche Eva, die Adam den Apfel reichte und damit die Vertreibung aus dem Paradies auslöste. Daddy sagte immer zu mir: „Kümmer dich nicht um deine Mutter. Sie liebt uns nicht und sie versteht überhaupt nichts." Aber wir hatten beide Angst vor ihr und ihrem Zorn.

Frauen, die sich auf ihre Verführungskünste verlassen, haben in der Regel ein hyperaktives, verformtes zweites Energiezentrum. Marilyn Monroe war die Traumfrau eines jeden Mannes – das Sinnbild der Verführung. Trotzdem scheiterten ihre Ehen eine nach der anderen, auch die mit dem Dramatiker Arthur Miller und dem Baseballstar Joe DiMaggio. Mit ihren zahlreichen unerfüllten Affären klammerte sie sich an Männer, die bereits vergeben waren. Sie soll die Geliebte von Präsident John F. Kennedy gewesen sein. Marilyn war emotional abhängig von Männern, und sie konnte ihnen gegenüber keine Grenzen ziehen. Sie litt unter Depressionen, Verlustängsten und der doppelten Angst, die Kontrolle zu verlieren und kontrolliert zu werden.

Marilyn Monroe glaubte, wie bereits unsere Mütter zuvor und wie auch heute noch viele Frauen, was wir tief in unserer genetischen Erinnerung gespeichert haben: dass eine Frau nie so viel wert sein wird wie ein Mann, so sehr sie es auch versucht und wie erfolgreich sie auch immer werden mag. Dieses Glaubenssystem richtete bei Männern und Frauen gleichermaßen großen Schaden an. Es leugnet das feminine Prinzip bei Männern und das maskuline Prinzip bei Frauen und erkennt nicht, wie wichtig diese Gegenpole für beide Geschlechter sind, um sie ins Gleichgewicht zu bringen.

Obwohl Marilyn alle klassischen Symptome eines gestörten und geschwächten zweiten Chakras aufwies, war sie für viele die fleischgewordene Schönheit und Sinnlichkeit. Der Fokus der Medienaufmerksamkeit war weltweit auf ihr Aussehen gerichtet. Marilyns einziger Trumpf war ihr Image, deshalb konnte sie sich nicht um ihrer selbst willen geliebt fühlen, sondern nur dafür, wie die Welt sie wahrnahm: in erster Linie als Sexsymbol und weniger als Mensch aus Fleisch und Blut. Marilyn galt als intelligente, talentierte Schauspielerin – dennoch schenkte die Öffentlichkeit diesen Begabungen selten Beachtung. Wenn der Wert eines Menschen so eng mit seinem Aussehen verknüpft ist, stirbt er innerlich ab.

Als moderne Version vom Marilyn-Mythos können wir Leben und Tod von Anna Nicole Smith betrachten, das Playboy-Model, das einen Ölmagnaten heiratete. J. Howard Marshall war eine typische Vaterfigur für sie und fast vierzig Jahre älter. Anna Nicole verbrachte ihre Kindheit und Jugend in Wohnwagensiedlungen. Ihr Leben war geprägt von ständigen Streitereien mit ihrer Mutter, gescheiterten Beziehungen und Auftritten in Striplokalen. Möglicherweise wurde sie auch missbraucht, denn aufgrund ihres gestörten zweiten Chakras setzte sie Sex und Verführung ein, um Aufmerksamkeit zu bekommen. Je älter sie wurde, desto unsicherer wurde sie bezüglich ihrer Schönheit, genau wie ihr Vorbild Marilyn Monroe. Wie Marilyn hatte auch Anna Nicole eine ganze Reihe von Männern; wie Marilyn pendelte sie zwischen purer Verführung und Hilflosigkeit. Genau wie bei ihrem Vorbild krankten auch ihre Beziehungen an dem Konflikt zwischen dem Bedürfnis nach Partnerschaft und der Angst, kontrolliert zu werden.

Durch ihre starke Identifikation mit Marilyn Monroe koppelte sich Anna Nicole energetisch an deren Muster an: periodisches Fasten, Trinken und Drogenmissbrauch. Auch Monroes tragischen frühen Tod durch eine Überdosis wiederholte sie. Nach dem Tod ihres Sohnes durch eine Überdosis Methadon und Antidepressiva behandelte Anna Nicole vermutlich selbst ihre Depressionen. Ihr ganzes Leben lang wollte sie so sein wie Marilyn Monroe – und sie starb tragischerweise genau auf dieselbe Art.

Die Suche nach Heilung

Im Alter von fünfundzwanzig Jahren, als aufstrebende junge Anwältin, bekam ich plötzlich alle möglichen Unterleibsprobleme und einen gestörten Blutzuckerspiegel. Und dann warf mich die lebensbedrohliche Diagnose „Krebs" endgültig aus der Bahn.

Auf der Suche nach Antworten stieß ich auf das, was später mein Lebensweg werden sollte: Von einer Massagetherapeutin wurde ich in die alternative Medizin eingeführt. Zum ersten Mal dachte ich über meine schwierige Kindheit nach. Wie konnte ich die beiden Seiten meines Vaters miteinander versöhnen? Wie konnte ich Verständnis dafür aufbringen, dass meine Mutter mir die Liebe verweigert hatte? Das schien unmöglich, aber ich wusste, dass es für meine Heilung unerlässlich war. Meine Suche führte mich von einem Heiler zum anderen. Mit der Zeit gelang es mir dann, die Teile eines entsetzlichen Puzzles nach und nach wieder zusammenzusetzen.

Unsere Wunden treiben uns immer dazu – bewusst oder unbewusst – Heilung zu suchen. In meinem Leben und meiner Praxis habe ich das immer wieder erlebt. Patienten kommen mit Krankheiten oder schrecklichen Lebensgeschichten. Sie suchen genauso verzweifelt nach Hilfe wie ich es früher tat. Wenn sie ihre Krankheit mit meiner Unterstützung als ein Zeichen des Körpers erkennen, das ihre Aufmerksamkeit auf eine tiefere Wahrheit lenken soll, kann die Heilung beginnen.

Alicia, eine 34-jährige Versicherungsvertreterin mit einem hektischen, anstrengenden Alltag, kam in meine Praxis, nachdem bei ihr Eierstockkrebs diagnostiziert worden war. Sie suchte nach alternativen Heilmethoden. Meine erste Beobachtung beim Scannen ihres Energiefeldes war, dass viele ihrer Symptome auf ein post-traumatisches Stress-Syndrom hinwiesen, das dem Krebs vorausgegangen war. Sie konnte sich schlecht abgrenzen und litt unter Schlaflosigkeit und wiederkehrenden Alpträumen.

Sie beschäftigte sich vor allem mit ihrem Aussehen und versuchte verzweifelt, in allem perfekt zu sein. In ihrer Freizeit absolvierte sie ein strenges Training, um so dünn wie möglich zu bleiben. Ihr übertriebenes Sportprogramm und wechselnde Diäten hatten sie von ihren natürlichen körperlichen Rhythmen und Prozessen abgetrennt. Außerdem wollte sie unbedingt eine fabelhafte Gourmetköchin werden, um ihren Mann und ihre Freunde zu beeindrucken.

Alicias Beziehung zu ihrem Mann, mit dem sie seit sieben Jahren verheiratet war, lief nicht gut, sie stritten sich dauernd. Nachdem ihr Mann eines Abends getrunken hatte, wollte er mit ihr schlafen. Sie sagte Nein, doch er nahm sie mit Gewalt. Aus Scham erzählte sie niemandem von dieser Vergewaltigung und erklärte ihre Verletzungen damit, dass sie die Treppe hinuntergefallen sei. Sie wollte ihren Mann verlassen, hatte aber Angst davor, dass er sie dann noch mehr misshandeln würde – seelisch oder körperlich. Sie war in dem Glauben erzogen worden, Männer kämen an erster Stelle, und sie müsse alles tun, um sich einen Mann „zu angeln, ihm zu gefallen und ihn zu halten". In unserer ersten Sitzung platzte sie damit heraus, dass ihr großer Bruder sie im Alter von acht Jahren missbraucht hatte. Als sie ihrer Mutter davon erzählte, antwortete diese schlicht: „Jungen sind nun mal so."

Mit dreizehn nahm sie die Pille, mit fünfzehn Schlankheitsmittel und mit siebzehn Antidepressiva.

In unseren gemeinsamen Sitzungen gingen wir Alicias Dilemma auf verschiedenen Ebenen an. Zunächst half ich ihr dabei, ihren Beckenboden energetisch zu öffnen, den Sitz des ersten und zweiten Energiezentrums. Dieser Körperbereich war vollkommen blockiert. Schicht um Schicht negativer Energie – die Reaktion auf den Missbrauch während ihrer Kindheit – hing in ihrem Energiefeld fest und verhinderte einen positiven Fluss. Ich arbeitete daran, die feinen Hüllen zu reparieren, die das Energiefeld ihres Körpers umgaben, und die schwere Last angestauter Angst, Schuld, Scham und Selbstvorwürfe freizulegen, auszusortieren und loszulassen. Gleichzeitig half ich Alicia dabei, sich ihre Kernglaubenssätze bewusst zu machen, die das unerlöste Trauma in ihrem Körper festhielten. Die Familie, in die sie hineingeboren und in der sie aufgewachsen war, hatte ihr eingetrichtert, Missbrauch sei etwas Normales, und es sei für eine Frau ganz natürlich, dominiert und unterworfen zu werden. Unbewusste Gedankenmuster wie diese sind in die tiefsten, ältesten Bereiche des Gehirns eingraviert.

Alicias zweites Chakra bewegte sich nicht im Uhrzeigersinn wie ein gesundes Chakra, sondern andersherum. Ihr Energiezentrum sendete ein Leuchtsignal aus: „Als Frau bin ich für jeden leichte Beute." So erschuf sie sich ihre eigene Realität, projizierte ihre kindliche Furcht vor Gefahr auf ihre erwachsene Welt. Sie hatte sich auch einen männlichen Aggressor in der Gestalt ihres Mannes erschaffen, um den Missbrauch durch ihren Bruder erneut zu durchleben. Ich folge der energetischen Führung meiner Klienten und arbeitete mich genau wie bei einem Puzzle Stück für Stück durch das Labyrinth ihrer Glaubenssätze, bis ich an einem tiefen inneren Platz ankomme, wo sie feststecken. Dann helfe ich ihnen sehr behutsam, diesen Punkt zu überwinden, damit sie sich frei fühlen und sich die Energie in ihnen ausbreiten kann. Auf diese Weise arbeitete ich an Alicias Mustern und benutzte dabei eine sehr ausgefeilte Technik, die ich von einem mächtigen Schamanen gelernt hatte.

Während unserer ersten Sitzungen konnte Alicia nicht einmal die einfache Frage beantworten, was sie selbst wollte. Als ich ihr zum ersten Mal diese Frage stellte, antwortete sie: „Ich weiß es nicht. Darüber habe ich nie nachgedacht." Das war die ehrliche Antwort einer Frau, die immer angenommen hatte, ihr gesamter Fokus müsse auf den Willen ihres Mannes ausgerichtet sein. Mit fortschreitender Heilung veränderten sich einige ihrer alten Glaubenssätze, und sie lernte immer mehr, zuerst an sich selbst zu denken. Langsam aber sicher verschwanden die Krebssymptome. Am Ende verließ Alicia ihren Mann und ging wieder auf die Universität, um Theaterwissenschaften zu studieren. Fünf Jahre später bestätigten die Nachsorgeuntersuchungen, dass der Krebs sich zurückgebildet hatte. Alicia traf sich wieder mit Männern und heilte ihre Beziehung zum anderen Geschlecht.

Üben Sie, Nein zu sagen

Wenn Sie oft Ja gesagt haben, obwohl Sie Nein meinten, gibt Ihnen die einfache Übung, Nein zu sagen, schon Kraft. Sie ehren sich selbst und andere, wenn Sie Ihre eigene Wahrheit aussprechen.

Ein ausgeglichenes zweites Chakra

Menschen mit einem integrierten Sakralzentrum genießen es, zu berühren und berührt zu werden. Sie können problemlos Freude, Liebe, Geld und materielle Güter geben und nehmen. Sie wissen, wie und wann sie Nein sagen müssen und spüren die innere Balance zwischen ihren männlichen und weiblichen Anteilen.

Ein gesundes zweites Chakra ist ein fruchtbarer Ort – ein kreativer Motor, der die Inspiration im Körper zum Fließen bringt. Als Sitz des inneren Kindes und der Gefühle beherbergt dieses Zentrum auch unsere kreativen und produktiven Impulse. Ich spreche hier von Kreativität im weitesten Sinne des Wortes, also nicht allein auf die Kunst beschränkt. Das kreative Potenzial eines jeden Menschen drückt sich täglich auf vielfältige Art und Weise aus.

Riesige Entwicklungsschritte in diesem Bereich hat etwa Sir Elton John gemacht. Er galt bereits mit drei Jahren als Wunderkind am Klavier und ist seit den 1960ern eine musikalische Größe. Elton ist einer der erfolgreichsten Künstler aller Zeiten. Er ist nicht nur ein Komponist einfühlsamer Balladen, sondern auch ein außerordentlich erfolgreicher Bühnenstar, der eine ganze Arena mit seinem Klavier anstelle einer Gitarre zum Rocken bringen kann. Seine mit einem Grammy ausgezeichnete Version von „Candle in the Wind", die er auf der Beerdigung seiner guten Freundin Prinzessin Diana sang, wurde zur meistverkauften Single der Welt. Der Erlös dieser Platte geht an den *Princess of Wales Memorial Fund*. Im selben Jahr verlor er einen weiteren guten Freund: Der italienische Designer Gianni Versace wurde ermordet.

Elton John kämpfte jahrelang gegen seine Alkohol- und Kokainsucht an. Außerdem rang er mit Bulimie, und seine Verschwendungssucht brachte ihn in große finanzielle Schwierigkeiten. Als sein junger Freund Ryan White starb – ein Bluter, der von seiner

Schule geworfen wurde, nachdem er durch eine verseuchte Blut-
konserve mit AIDS infiziert worden war –, sagte John: „Mit Ryans
Mutter Jeanne an seinem Bett zu sitzen, als er im April 1990 im
Sterben lag, war einer der ergreifendsten Momente meines Lebens. Auf einmal wurde mir klar, dass ich mehr tun musste." Als
erstes gestand John sich ein, dass er gegen seine Süchte machtlos war und unterbrach für ein Jahr seine Karriere, um von den
Drogen loszukommen. Nach seiner Entziehungskur gründete er
die Elton John-AIDS-Stiftung, eine der größten Non-Profit-Orga-
nisationen zur Unterstützung von HIV-Präventionsprogrammen
und Pflegediensten für Menschen mit HIV und AIDS. In einem
Brief auf der Website der Stiftung erklärt er: „ ... der sinnvollste
Teil meines öffentlichen Lebens ist meine humanitäre Arbeit im
globalen Kampf gegen AIDS." Er hatte gelernt, sein eigenes Problem in ein sinnvolles Engagement umzuwandeln.

Checkliste

Um zu erkennen, ob Ihr Sakralzentrum im Gleichgewicht ist,
stellen Sie sich die folgenden Fragen:

1. Habe ich irgendeine der Krankheiten, die auf Seite 54
   aufgelistet sind?

2. Habe ich jemals Sex benutzt, um meinen Willen mit
   Missbrauch oder Verführung durchzusetzen? Täusche ich
   regelmäßig einen Orgasmus vor?

3. Leide ich unter einer der folgenden Süchte: Esssucht,
   Drogen, Alkohol, Sex oder gewalttätiges Verhalten?

4. Habe ich Geldprobleme?

5. Habe ich das Gefühl, dass ich immer nur gebe und nichts zurückbekomme?

6. Beklagen sich meine Freunde, dass „es immer nur um mich gehe", oder dass ich zu bedürftig sei?

7. Fühle ich mich chronisch allein, einsam oder von allen Menschen verlassen?

8. Bringe ich mich immer wieder selbst in Schwierigkeiten und habe das Gefühl, ich brächte nichts zustande?

9. Fällt es mir schwer, Nein zu sagen und klare Grenzen für mich zu ziehen?

10. Handle ich unverantwortlich oder versuche ich, anderen die Schuld zuzuschieben?

Wenn Sie eine dieser Fragen mit Ja beantworten, möchten Sie sich vielleicht Hilfe suchen, um mehr ins Gleichgewicht zu kommen. Eine wunderbares Ritual, mit dem Sie sich nähren und gut für sich sorgen können, besteht darin, regelmäßig ins Wasser einzutauchen.

Musik mit Meeresklängen ist ebenfalls gut geeignet, um Körper und Geist zur Ruhe zu bringen. Auch Spaziergänge im Mondlicht helfen dabei, das zweite Chakra zu reinigen und neu aufzuladen.

Sich bestimmter Veranlagungen und Gewohnheiten bewusst zu werden, ist sehr kraftvoll. Machen Sie sich Ihre Muster klar, ohne deswegen Schuld oder Scham zu empfinden. So können Sie Ihre Heilung optimal unterstützen. Manchmal tut sich der richtige Weg dann ganz von selbst auf. Denken Sie daran: Der erste Schritt zur Heilung geht immer über das Bewusstwerden.

Das dritte Energiezentrum

KAPITEL DREI

Geht es immer nur ums Gewinnen?

Unser Campingurlaub hatte kaum begonnen, und schon hatte Daddy die Idee, ein bisschen mit mir Angeln zu gehen. Ich fragte mich ängstlich, was „Angeln" wohl bedeuten mochte, schluckte meine Furcht jedoch hinunter und tat, wie mir befohlen.

An diesem Tag wurde das vertraute Streicheln meines Vaters auf einmal unheimlich und drängend. Ich kannte diese Anzeichen. Inzwischen wusste ich auch, wie ich seiner wachsenden Erregung, seinem immer stärker werdenden Verlangen Abhilfe schaffen konnte. Ich ging auf die Knie, während er meinen Kopf fest zwischen seine Beine presste. Aber diesmal konnte ich es ihm irgendwie nicht recht machen. Er wurde ganz hektisch und zog mich immer näher an sich. Ich geriet in Panik. Plötzlich stieß er mich zu Boden und legte sich auf mich. Ich bekam keine Luft mehr. Als ich schrie, legte er mir die Hand auf den Mund. Unter seinem bebenden Körper wurde ich immer kleiner. Alles, was ich spürte, während ich die Baumwipfel beobachtete, die in der leichten Brise über mir hin und her schwankten, waren die Fliegen auf meinen Armen. Der Geruch von Schweiß und Blut vermischte sich mit dem Geruch von Gras und Daddys frisch gewaschenem Khakihemd.

Danach weinte er.

Ich war neun Jahre alt.

Am Tag nach der Vergewaltigung fiel ich von einem Baum und wurde gleich ins Krankenhaus gefahren. Die folgenden drei Wochen verbrachte ich in einem Krankenhausbett. Die Schwestern nannten es *Erholung*. Den Rest des Sommers hielt Daddy sich von mir fern. Er hatte sich von mir genommen, was er brauchte, genau wie es in seiner Kindheit mit ihm gemacht worden war.

Wie fühlt es sich an, überwältigt zu werden? Gerade so, als wäre man von einer Dampfwalze überrollt worden. Deine Existenz ist ausgelöscht, niemand sieht dich; es gibt nur noch das *Bedürfnis* der anderen Person. Entweder, du stehst dem im Weg, oder du bist der Weg. Plötzlich ist alles, woran du bisher geglaubt hast, verschwunden.

Mir wurde meine Macht von einem Mann genommen, der bei seiner Tochter Trost für das Elend seiner eigenen Kindheit und seiner Ehe suchte. Meine Mutter stand daneben und ließ den Missbrauch zu, weil ihre Mutter ihr beigebracht hatte, „ihr Mann könne gar nichts Falsches tun." „Wir alle sind Opfer von Opfern", sagte ein weiser Mann einmal. Wir werden von den Verwundeten verletzt.

Mit neun Jahren von meinem Vater vergewaltigt zu werden, vernichtete meine im Entstehen begriffene Identität. Ein Teil meines frischen, fragilen Gefühls für mein Ich ging verloren. Identität ist der Stempel, den wir der Welt aufdrücken. Er besagt: *Das bin ich, so bin ich. Das bist du, so bist du*. Wenn sich unsere Identität herausformt, können wir Klarheit und Stärke entwickeln. Wir entdecken, was wir mögen und wie wir uns positionieren können.

Bereits vor der Vergewaltigung war die Grenze zwischen mir und meinem Vater verschwommen. Ich hatte immer gewusst, wie ich seine Traurigkeit in mich aufnehmen, ihn trösten konnte, wenn er frustriert schien; wie ich ihn beruhigen konnte, wenn ich spürte, dass etwas zwischen ihm und meiner Mutter nicht in Ordnung war. Mein Vater war mir sehr nah. Ich verstand ihn so, wie

Mutter es nie konnte. Wir waren miteinander verbunden – auf eine ungesunde Art, aber das war alles, was ich hatte. Meine Angst und Wut nach der Vergewaltigung und die Weigerung meiner Mutter, sich dem zu stellen, blieben im Verborgenen. Man durfte nicht darüber sprechen, nicht fühlen, es auf gar keinen Fall zugeben, jedenfalls nicht bewusst. Nach der Vergewaltigung verschwand auch der letzte Teil von mir, der nur mir allein gehört hatte. Er wurde ausgemerzt, verschlungen von einem Strudel aus Daddys Schmerz, Scham und Schwäche. Es gab kein „Ich" mehr. Es gab nur Daddy.

Das dritte Energiezentrum: Das Kraftzentrum oder Solarplexus-Chakra

Das zutiefst traumatisierende Erlebnis einer Vergewaltigung erschüttert das fragile dritte Energiezentrum. Es ist das wichtigste Kraftzentrum des Körpers, die Quelle der Willenskraft, der Zielsetzung und des Handelns. Im dritten Chakra ist das Selbstwertgefühl verankert; unsere Selbstachtung und unsere persönliche Macht entspringen diesem entscheidenden Zentrum. Es befindet sich im Solarplexus, genau zwischen Bauchnabel und Brustbein, und entspricht dem Stoffwechselfeuer – dem Zentrum unserer Energie und Lebenskraft. Von diesem Zentrum aus setzen wir unsere Energie ein und handeln aus ihm heraus. Willensstärke und Tatkraft können dann entwickelt werden, wenn der Solarplexus seiner Bestimmung gemäß funktioniert.

Eine Über- oder Unterfunktion des dritten Chakras kann zu folgenden Krankheiten führen:

- Probleme mit der Bauchspeicheldrüse, unter anderem Diabetes und Hypoglykämie

- Verdauungsstörungen, Magen- oder Darmgeschwüre
- Probleme mit der Leber, zum Beispiel Zirrhose, Hepatitis und Leberkrebs
- Zwerchfellbruch
- Gallensteine
- Hämorrhoiden
- Krampfadern
- Probleme mit der Milz

Die Bauchspeicheldrüse, die im Bereich des dritten Chakras angesiedelt ist, verarbeitet unsere Emotionen und reguliert den Blutzucker. Ein unausgeglichenes drittes Energiezentrum kann zu Hypoglykämie (Unterzuckerung) führen, dem Gegenteil von Diabetes. Häufig können Menschen, die unter Hypoglykämie leiden, ihre Gefühle nicht klar äußern: Sie fühlen sich in ihrer Sicherheit bedroht und fürchten Liebesentzug, wenn sie offen sagen, was sie denken. Sie zerbrechen sich über alles Mögliche den Kopf, und viele haben einen Hang zum Perfektionismus. Ihre innere Überzeugung lautet: „Ich bekomme nicht genug Liebe, Sicherheit oder Anerkennung." Immer und überall vermuten sie feindliches Terrain.

Truman Capote, einer der berühmtesten Schriftsteller des zwanzigsten Jahrhunderts, ist ein gutes Beispiel für jemanden, der ganz offensichtlich kein Problem hatte zu sagen, was er dachte. Doch er musste einen hohen Preis für sein unausgeglichenes drittes Chakra und den Missbrauch seiner persönlichen Macht zahlen. Diese Störung machte sich bereits früh in seiner wechselhaften Karriere bemerkbar: Er verlor seinen Job als Laufbursche für den *New Yorker*, weil er einen berühmten Schriftsteller während eines öffentlichen Auftritts beleidigt hatte. Nicht nur war er für sein unglaubliches Benehmen bekannt, sondern auch für seine Art, selbst seinen engsten Freunden in den Rücken zu fallen. In seinem berühmten Roman *Kaltblütig* erzählt er die Geschichte zweier Landstreicher, die 1959 einen reichen Weizenfarmer aus Kansas und seine Familie bestialisch ermordeten. Capote besuchte sie in der Todeszelle. Mit einem der beiden Männer entwickelte sich eine enge Freundschaft. Capote versprach ihm sogar, er würde alles tun, um die Hinrichtung zu verhindern. Doch als das Schicksal des Mörders sich nicht wendete und Capotes Buchprojekt dadurch verzögert wurde, entzog Capote ihm die Unterstützung. Damals empörten sich viele über ihn, was die Hinrichtung seines sogenannten „Freundes" noch beschleunigte. Aber er ließ sich durch die Kritik nicht irre machen, und sie hatte auch keinen Einfluss auf den Erfolg seines Buchs.

Wenn wir die möglichen Auswirkungen von Missbrauch persönlicher Macht erforschen wollen, können wir viel von Capote lernen. Einerseits gab er sich als Freund und kompetenter Schriftsteller

Schmetterlinge im Bauch

Schmetterlinge oder eine flatternde Energie im Bauch, die wir normalerweise als Beklemmung, Erregung oder Furcht „deuten", sind in Wirklichkeit ein Zeichen dafür, dass das dritte Chakra sich auf eine bevorstehende Herausforderung vorbereitet. Das beste Heilmittel besteht darin, sich zu fragen: „Wovor habe ich Angst? Was kann ich tun, um mich zu schützen?" Sich die eigenen Gefühle bewusst zu machen, ist der beste Weg, sie zu verändern.

aus, andererseits ging es ihm nur um seine eigenen Interessen, er hielt wichtige Versprechen nicht ein und brachte seine Projekte nicht zum Abschluss. Nach *Kaltblütig* schrieb er nie wieder ein vergleichbar gutes Buch, und man konnte seinen Abstieg zu einem erbärmlichen Alkoholiker öffentlich in den Talkshows verfolgen. Er starb 1984 an einer Leberzirrhose. Ich würde behaupten, dass ihm sein Ehrgeiz, der ihm wichtiger war als seine Integrität, das Genick brach. Wenn wir unsere Integrität durch unser Verhalten aufs Spiel setzen, vergiften wir unseren Körper, unseren Geist und unsere Seele.

Innerer Zusammenbruch

Ein unausgeglichenes drittes Energiezentrum kann sich entweder durch *nach außen gewandte Aggression* (beim Täter) oder einen *inneren Zusammenbruch* (beim Opfer) äußern. Co-abhängige Beziehungen sind ein Nährboden für diese Dynamik. Einer spielt dabei die Rolle des Handelnden, während der andere in die Rolle des Handlungsunfähigen fällt. Keiner der Beteiligten ist Herr seiner selbst. Beide tragen ihren Teil zu dieser speziellen Rolle bei und tun – bewusst oder unbewusst – alles, um sie zu erhalten, indem sie sich noch stärker mit der Rolle identifizieren. Dieses Muster kann ernsthafte gesundheitliche Probleme nach sich ziehen.

Menschen mit einem kollabierten dritten Energiezentrum zweifeln viel, sie können sich nicht entscheiden und haben kein Selbstbewusstsein. Vielleicht klagen sie auch über einen Mangel an Energie und die Unfähigkeit, etwas zu Ende zu bringen. Einige betrachten sich als Opfer der Umstände oder Schwächlinge, unfähig, mit anderen positiv und produktiv in Kontakt zu treten oder sich einfach nur „zu zeigen". Eine häufig zitierte Aussage des bekannten Filmemachers Woody Allen lautet: „Neunzig Prozent des Erfolgs bestehen darin, einfach nur da zu sein."

Maureen kam wegen ihres Diabetes in meine Praxis, doch tatsächlich war ihr drittes Energiezentrum kollabiert, weil sie einfach ihre ganze Macht weggab. (engl.: *Die-a-bit – jeden Tag ein wenig sterben*). Als wir uns kennenlernten, war sie fünfunddreißig Jahre alt und litt seit dem Tod ihres Vaters vor siebzehn Jahren unter Typ 1-Diabetes.

In ihren Augen war ihr Vater der einzige Mensch, der sie wirklich geliebt hatte. Nach seinem Tod musste sie sich um ihre Mutter kümmern, mit der sie einen permanenten Machtkampf ausfocht. Das Gefühl von Innigkeit war mit ihrem Vater gestorben, und seitdem war auch Maureen innerlich immer mehr abgestorben.

In der Familie war Maureens Mutter die Macherin. Sie hatte viel geleistet und gönnte sich zwischen ihren Erfolgen keine Ruhe. Maureen war ihr persönlicher Cheerleader, sie blieb stets im Hintergrund und applaudierte. Ihre Mutter nahm Maureens Anwesenheit nur selten zur Kenntnis, sie unterstützte ihre Tochter auch nicht in ihren Vorhaben. Im Gegenteil, sie sorgte dafür, dass Maureen scheiterte, indem sie stichelte: „Das ist eine tolle Idee, aber wie willst du das bloß hinkriegen?" Maureen hatte häufig das Gefühl, gescheitert zu sein, bevor sie überhaupt angefangen hatte, und fragte sich immer wieder: *Warum versuch ich's dann überhaupt?*

Maureens Mutter entstammte einer langen Reihe herrschsüchtiger Frauen, die ihren Kindern Regeln und Entscheidungen diktierten. Sie befahl Maureen, auf Familienfeiern zu erscheinen, und diese hatte keine andere Wahl, als zu gehorchen. In Anwesenheit ihrer Mutter zeigte sie nie ihre wahren Gefühle, sondern tat immer nur das, was von ihr erwartet wurde. Ihr war überhaupt nicht klar, wie stark sie ihre Wut über diese andauernde Kontrolle verdrängt hatte.

Auch wenn die genetische Disposition bei Diabetes eine Rolle spielt, können die Ursachen dieser Krankheit aus alternativmedizinischer Sicht auf Kontrollthemen zurückgeführt werden.

Häufig verdrängen Betroffene unangenehme Gefühle und die überwältigende Kontrolle durch einen Elternteil. Zu Maureens frühesten Erinnerungen gehörte eine Szene, in der die Mutter ihr befahl, die Terrasse zu fegen, und ihr dann den Besen aus der Hand riss, weil sie es nicht schnell genug machte. So sehr Maureen auch versuchte, ihrer Mutter zu gefallen – sie schaffte es einfach nicht. Die Mutter war nie zufrieden, sie hämmerte Maureen die Überzeugung ein, dass sie zu nichts nutze war. Maureen wurde entmachtet, sie war nicht in der Lage, sich selbst zu lieben oder jemanden anzuziehen, der für sie sorgen konnte. Sie kämpfte unablässig gegen innere Kräfte an, die ihre Auseinandersetzungen mit der Mutter widerspiegelten – gefangen zwischen Akzeptanz und Ablehnung ihrer selbst, zwischen Kontrollwahn und Kontrollverlust, zwischen Willensstärke und Resignation.

Als ich Maureen untersuchte, stellte ich eine starke Anspannung fest, die sich wie ein Energieschild über ihre Bauchspeicheldrüse legte. Das Signal, das von ihrer Bauchspeicheldrüse ausging, besagte: „Noch habe ich meine Diabetes unter Kontrolle, aber so langsam werde ich müde." Maureens Krieg mit ihrer Mutter hatte sich auf die Krankheit verlagert.

Maureens Energiefeld zeigte direkt über ihrer linken Schulter einen Machtvektor – ein Hinweis darauf, dass eine gegnerische Energie in ihr Feld eindrang – ausgesendet von ihrer Mutter. Ein Machtvektor ist eine bewusste oder unbewusste negative Absicht, die in unsere Richtung geschickt wird. Die Mutter übermittelte Maureen damit die Botschaft: „Du wirst tun, was ich dir sage." Dieser Energievektor erzeugte in Maureen buchstäblich ein körperliches Ungleichgewicht und sie schien sich mit aller Kraft zusammenzureißen, in einer stillen, aber unerbittlichen inneren Anspannung. Sie brauchte unglaublich viel Kraft, um ihre Gefühle zu unterdrücken – sie erwürgte sie regelrecht, damit sie sie nicht mehr spüren musste.

Die innere Anspannung, die bei einem diabetischen Muster ausgelöst wird, betrifft nicht nur die Bauchspeicheldrüse, sondern auch den Blutkreislauf. Kein Wunder, dass Bluthochdruck als möglicher Auslöser von Herzinfarkten die häufigste Todesursache bei Diabetikern ist.

Aus der Sicht der westlichen Medizin ist Diabetes kontrollierbar, aber nicht heilbar. Wie viele Diabetiker musste auch Maureen sich täglich Insulin spritzen. Meiner Erfahrung nach lassen sich sowohl Diabetes Typ 1 als auch Typ 2 drastisch reduzieren, indem der Patient seine zentralen Glaubenssätze verändert, die gespeicherten Emotionen freilässt, seine Ernährung umstellt und viel Sport treibt.

Maureens Heilung begann, als sie sich ihre wahren Gefühle ihrer Mutter gegenüber eingestand. Ich half ihr dabei, indem ich einige ihrer zentralen Glaubenssätze umwandelte, insbesondere den Gedanken, dass sie immer Ja zu ihrer Mutter sagen müsse, unabhängig von ihren eigenen Bedürfnissen oder Wünschen. Ich unterstützte sie bei ihrer Entscheidung, nicht mehr zu den verhassten Familientreffen zu gehen. Auch wenn das ihrer Mutter nicht gefiel, war es für Maureen immens wichtig, ihr eigenes Leben zu leben. Im Lauf unserer gemeinsamen Sitzungen wurde ihr klar, dass sie seit jeher alle Macht an ihre Mutter übertragen und ihren eigenen Willen völlig aufgegeben hatte. Nach und nach begannen ihre Blutzuckerwerte zu sinken.

Anfangs fiel es Maureen schwer, ihre Krankheit loszulassen – sie hatte sich daran gewöhnt wie an einen alten Freund. Dasselbe galt für ihren Widerstand, von ihrer Mutter wegzuziehen. Sosehr sie die Art hasste, wie ihre Mutter sie behandelte, war sie ihr doch zumindest vertraut. Aber nach einem besonders grässlichen Familientag hatte sie endgültig genug. Sie bat in ihrer Firma um eine Versetzung und zog in einen anderen Bundesstaat.

Schockiert und wütend erzählte ihre Mutter überall herum, wie bitter sie von ihrer Tochter enttäuscht worden war. Maureen dagegen gewöhnte sich schnell in ihren neuen Job und die neue Umgebung ein. Der Umzug war ihr erster Akt der *Selbstwerdung* – sie machte sich klar, wer sie wirklich war und wer sie für ihre Mutter zu sein hatte –, und es tat ihr unglaublich gut. Ich schlug ihr vor, eine Selbsthilfegruppe zu besuchen, um ihre zentralen Glaubenssätze zu heilen und ganzheitlicher zu leben. Außerdem begann sie mit Pilates, einer Technik, bei der viel Wert auf die Atmung gelegt wird. Indem sie tiefer atmete, konnte Maureen ihren Körper entspannen und einen Großteil der Anspannung loslassen, die ihr in Fleisch und Blut übergegangen war.

In den nächsten sieben Jahren reduzierte Maureen mit ärztlichem Beistand ihre Insulindosis. Als ich das letzte Mal mit ihr sprach, war sie zu Tabletten übergegangen. Sie fühlte sich sowohl von den Spritzen als auch von ihrer Mutter befreit. Ich riet ihr, weiterhin mit der Vorstellung zu arbeiten, sie habe den Diabetes endgültig besiegt, wohl wissend, dass wir manchmal nur Millimeter von der perfekten Lösung entfernt sind.

Eine bekannte Persönlichkeit, die vermutlich wegen ihres gestörten dritten Chakras einen inneren Zusammenbruch erlitt, ist James Frey, der Autor des Bestsellers *A Million Little Pieces*. Das Buch wurde als erstes seiner Art von Oprah Winfreys *Book Club* empfohlen. Freys Memoiren eroberten daraufhin den ersten Platz der *New York Times*-Bestsellerliste. Frey dachte, er hätte es nun ganz nach oben geschafft, doch dann wurde die Echtheit seiner Memoiren in Frage gestellt. Als die Website der Zeitschrift *Smoking Gun* die Öffentlichkeit auf einige freie Erfindungen in wesentlichen Punkten in Freys Lebensgeschichte aufmerksam machte, begann die Fassade zu bröckeln. Nachdem er zuerst als eine Art Wunderkind und als leuchtendes Beispiel für die Heilung eines Junkies gehandelt worden war, wurde er nur wenige Monate später völlig bloßgestellt. In der *Oprah Winfrey Show* wurde er angeprangert, weil er Lügen veröffentlicht und nicht nur Oprah, sondern auch Millionen von Lesern getäuscht hatte.

Frey räumte daraufhin ein, er sei ein zwanghafter Streber. Zwanghafte Streber sind selten ausgeglichene Menschen. Um jeden Preis gewinnen zu wollen, auch auf Kosten der eigenen Integrität, ist ein geläufiges Merkmal für Menschen mit einem gestörten dritten Chakra. So war James Freys unstillbares Verlangen nach Anerkennung und Erfolg größer als seine Wahrheitsliebe.

Lebervergiftung

Das größte Organ im Bereich des dritten Chakras ist die Leber. Das United States Center for Disease Control führt Lebervergiftung nicht in seiner Liste der zehn häufigsten Todesursachen auf. Meiner Meinung nach ist das ein Fehler. Die östliche Medizin betrachtet eine vergiftete Leber als die Hauptursache aller Krankheiten.

In unserer Gesellschaft sind Leberfunktionsstörungen äußerst verbreitet – die Leber kann beeinträchtigt sein, lange bevor Symptome auftreten. Unsere Leber verarbeitet und filtert alles, was wir unserem Körper zuführen. Dieser Prozess ist lebenswichtig, besonders angesichts der wachsenden Giftbelastung in unserer modernen Welt. Wenn die Funktion der Leber gestört ist, steigt der Giftgehalt immer weiter an und kann zu allen möglichen Krankheiten oder deren Vorstufen führen. Anzeichen für eine gereizte Leber sind zum Beispiel Hämorrhoiden, Krampfadern, Gelbsucht, Hautausschlag und Schwellungen im Bauchbereich, um nur einige zu erwähnen. .

Die energetische Dynamik, die den größten Einfluss auf die Leber hat, ist chronisch unterdrückte Wut. Wenn ich das Energiefeld von Patienten untersuche, sieht eine gereizte Leber aus wie ein heißer, blubbernder Kessel – feuerrot mit gelben Tupfen. Häufig wendet sich die Wut auch nach innen und frisst ihre Opfer bei lebendigem Leib auf. Menschen mit einer vergifteten Leber haben möglicherweise ihre Herzenswünsche abgespalten und sind nicht ehrlich zu sich selbst. Sie fühlen sich oft als Opfer und beten immer wieder Geschichten über ihre Angreifer herunter, sind aber nicht bereit, ihr Verhalten oder ihre Überzeugungen zu ändern. Sie sind stur darauf bedacht, weiterhin wütend auf andere zu sein, und sabotieren sich damit oft selbst. Die wenigsten sind sich darüber bewusst, dass sie Verantwortung für ihr Handeln übernehmen müssen.

Roger arbeitete bereits viele Jahre lang als erfolgreicher Anwalt, als er mit der Diagnose „Leberzirrhose" in meiner Praxis erschien. Er stand auf der Warteliste für eine Lebertransplantation und kam in der Hoffnung zu mir, dass ich ihm eine Weile über die Runden helfen könnte. Roger war von kleiner Statur, wirkte jedoch größer. Er war sehr redselig und wollte mir gleich alles über sich erzählen. Stolz verkündete er mir, wie sein persönliches Motto lauten würde, wenn er denn eines hätte: „Flipp nicht aus, zahl es lieber den anderen heim." Er hatte lange Wimpern und fein geschnittene Gesichtszüge und berichtete, er sei als Kind gehänselt und miss-handelt worden, weil er „zu hübsch" war. Sein Vater, ein schwer arbeitender, trinkfester Mann, baute in der ganzen Welt Stau-dämme und Brücken und war nur selten zu Hause. Seine Mutter ärgerte sich über die häufige Abwesenheit ihres Mannes und ließ ihren Frust an Roger aus.

Als er sieben war, schickte Rogers Mutter ihn aufs Internat. Dort wurde er von einem älteren Mitschüler sexuell missbraucht. Da er sich nicht verteidigen konnte und panische Angst hatte, jemand könnte es herausfinden, hatte er seine Wut einfach her-untergeschluckt. Er musste dauernd beweisen, dass er *noch männ-licher* war als die anderen und ein ebenso guter Geschäftsmann wie sein Vater. Er strengte sich unwahrscheinlich an, um die Aufmerksamkeit seines Vaters zu erlangen, doch all seine Bemühungen waren vergebens.

Roger fühlte sich von beiden Eltern zurückgewiesen, und er reproduzierte dieses Muster, indem er Frauen zurückwies, denen er etwas bedeutete. Er vertraute mir an, dass er nie lange in einer festen Beziehung geblieben war. Zu seinen Freundinnen war er nicht besonders nett, denn er wollte testen, ob sie ihn auch wirklich liebten. Er ertränkte seine Wut im Alkohol, pflegte seinen Groll und konnte weder sich noch anderen verzeihen. Wenn er einen Fehler machte, ging er unerbittlich mit sich ins Gericht. Es mangelte ihm an Selbstbewusstsein, obwohl er als Anwalt im Gerichtssaal alles perfekt unter Kontrolle hatte.

Roger sperrte sich gegen meine Vorschläge, seine Wut loszuwerden. Er wiederholte gebetsmühlenartig: „Bei Gott, ich werde nicht länger zulassen, dass *die anderen* mir das antun." Ironischerweise war *er selbst* die Ursache für den Schaden, den er beklagte. Die Schuld auf andere und „die Welt" allgemein zu schieben, ist typisch für Menschen mit einem gestörten dritten Chakra. Roger gehörte zu der Sorte Mann, die total ausflippt, wenn ein Polizist ihnen einen Strafzettel wegen Geschwindigkeitsübertretung verpasst.

Als dann Krebszellen in Rogers Leber gefunden wurden, verwehrte man ihm die Transplantation. Das nahm er als Bestätigung dafür, dass die Welt grundsätzlich gegen ihn war; und leider starb er wenige Monate später.

Roger ist ein gutes Beispiel dafür, wie ein hyperaktives drittes Energiezentrum zu äußerlicher Aggression führt. Indem er sich aufplusterte, kompensierte er seine unbewusste Unsicherheit. Er weigerte sich, seine Glaubenssätze zu ändern und war unfähig, den Zusammenhang zwischen seinem angestauten Ärger und seiner Krankheit zu erkennen. Auch wenn er sehr stur wirkte, richtete er seine Aggression hauptsächlich gegen sich selbst, und seine Leber musste den Preis dafür bezahlen.

Wir können den Zustand unserer Leber mit ein paar einfachen Umstellungen unserer Gewohnheiten verbessern: Indem wir weniger Fett zu uns nehmen, unseren Konsum an Drogen, Alkohol und Medikamenten einschränken, biologisch angebaute, pestizidfreie Lebensmittel zu uns nehmen (Pestizide sind eine der Hauptursachen für Leberschäden), unseren Körper vor Chemikalien schützen und aufhören, anderen die Schuld zuzuweisen oder sie anzugreifen.

Nach außen gerichtete Lebensweise

In Nordamerika leben wir in einer nach außen orientierten Kultur, die sich durch eine extreme Erfolgsorientiertheit auszeichnet. Wir werden mit einer Technologie bombardiert, die uns hilft, alles noch mehr, noch schneller und noch besser zu bewältigen. Handys, Computer, Faxgeräte, Blackberrys und SMS-Nachrichten haben unser Leben fest im Griff. Täglich sind wir gezwungen, unsere Grenzen zu überschreiten.

Auf der kulturellen Ebene bringt diese Außenorientierung alle möglichen Widersprüche mit sich. Wir behaupten zwar, wir wollten Wahrheit und Gerechtigkeit, doch wir nehmen Übertreibungen, Gerüchte, Andeutungen und eklatante Lügen, die uns die Medien unter der Überschrift „Unterhaltung" verkaufen, einfach so hin. Die Grenze zwischen Wahrheit und Dichtung war schon immer irgendwie subjektiv, aber kulturelle Trends wie zum Beispiel „Reality TV" machen es schwerer denn je, unseren eigenen Augen und Ohren zu trauen.

Donald Trump ist das Paradebeispiel eines solchen nach außen gerichteten Aggressors. Selbst seine wohlbekannte Geste für „Sie sind gefeuert!" in der Reality-TV-Show *The Apprentice* zeigt die aggressive Haltung eines Menschen, dessen Motto lautet: „Mach Druck bis zum Äußersten." Ähnlich König Midas, bei dem alles, was er berührte, zu Gold wurde, wird alles, was Trump anfasst, zum Größten und Besten. Ob es nun um riesige Immobilienprojekte oder seinen persönlichen Wohnraum geht – der „Trump-Touch" ist immer etwas „zu viel des Guten". Er würde als erster bestätigen, dass er einen opulenten Geschmack hat und dass sein persönlicher Stil dominant, ja geradezu überwältigend wirkt. Trump ist dafür bekannt, dass er kein Blatt vor den Mund nimmt, und er betrachtet sich als den erfolgreichsten Geschäftsmann aller Zeiten. Sein Name steht als Marke auf all seinen Produkten – von Uhren über Hotels bis hin zu Kasinos und Golfplätzen.

Menschen mit einem gestörten dritten Energiezentrum und einem derart aggressiven Modus gehen förmlich über Leichen, um Macht zu erlangen. Der hyperaktive Solarplexus zeigt sich ganz deutlich bei Typ A-Persönlichkeiten (Anm.: Typ A soll anfälliger für Herz-Kreislauf-Krankheiten etc. sein) – Menschen, die aggressiv, aufdringlich oder ungeduldig sind. Im Extremfall handelt es sich dabei um Missbrauchstäter, die andere zum Opfer machen. Häufig versuchen sie auch, die Zeit selbst nach ihren Vorstellungen zu beherrschen.

Wie viele Menschen, die als Kind entmachtet wurden, stellte ich als junge Erwachsene fest, dass ich mich am sichersten fühlte, wenn ich andere kontrollieren konnte. Ich nutzte Verführungskunst und Manipulation, um meine Ziele zu erreichen. Auch wenn ich damals vor allem Täterin war und meine eigenen Belange an die erste Stelle setzte, griff ich Menschen nie direkt an.

Ich war ein Kontrollfreak und die ganze Zeit auf *Druck machen* eingestellt. Auf einer Konferenz, die ich besuchte, verkaufte eine weibliche Klettermannschaft, die in den Himalaya reisen wollte, T-Shirts mit dem Slogan: DER PLATZ EINER FRAU IST AN DER SPITZE! Ich kaufte mehrere davon und trug sie so lange, bis sie völlig zerfetzt waren, doch ich war mir überhaupt nicht bewusst, dass ich das dringende Bedürfnis hatte, diesen Slogan wahr zu machen. Es entsprach mir eher, *Seitenhiebe auszuteilen*; ich setzte meine Macht versteckt ein. Als Anwältin war ich ein Power- und Adrenalin-Junkie und fand großes Vergnügen daran, meine Gegner zu vernichten, die gar nicht wussten, wie ihnen geschah. Die Energie meines Solar Plexus' fächerte sich von hinten auf und wickelte sie ein. Noch ehe sie sich umschauen konnten, hatte ich bereits gewonnen.

Ich war alles andere als gesund und ausgeglichen, deshalb konnte ich auch mit niemandem richtig zusammenarbeiten. Tatsächlich habe ich anderen die Macht gestohlen.

Die Zeit forcieren

Machen Sie Druck, um das Unmögliche in kürzester Zeit zu erreichen? Natürlich können wir die Minuten eines Tages nicht wirklich verlängern, doch wir können es wenigstens versuchen. Wenn Sie immer das Gefühl haben, dass nicht genug Zeit ist, entspannen Sie sich ... atmen Sie tief durch ... lieben Sie sich für das, was Sie schon erreicht haben.

In einer männlich geprägten Arbeitswelt besaß ich nur wenige Freundinnen. Ich hatte Angst vor Frauen – sie erinnerten mich alle an Mutter. Ich hatte mich auf Männer spezialisiert, und ich besiegte sie alle. Auf jedem Gebiet die Beste zu sein, war meine Reaktion darauf, dass meine Eltern mir meine Macht genommen hatten. Ich hätte nie zugelassen, dass das noch einmal passierte. Aber mir war überhaupt nicht bewusst, wie groß meine Wut auf mich selbst, auf meine Eltern und auf die Welt war.

Die Wut eines nach außen gerichteten Aggressors kann eine tödliche, zersetzende Kraft sein. Als Jane in meine Praxis kam, litt sie unter Magengeschwüren. Sie war voller Wut, hatte sie allerdings genauso abgespalten, wie ich es getan hatte. Seit ihren Zwanzigern litt sie unter Hämorrhoiden, mit Dreißig kamen schmerzhafte Krampfadern hinzu. Als ich sie kennenlernte, war der Schmerz bereits bis in ihren Magen vorgedrungen.

Außerdem schmerzte es sie sehr, dass ihr Mann sie verlassen hatte und mit seiner neuen Freundin zusammenlebte. Während ihrer fünfzehnjährigen Ehe war sie als Vertriebschefin bei einer großen Firma tätig, und er arbeitete als Filialleiter in einer Bank. Sie verdiente deutlich besser als er und ließ keine Gelegenheit aus, ihm das unter die Nase zu reiben. Er hatte zwei kleine Kinder mit in die Ehe gebracht, doch Jane hatte sie nie akzeptiert und sie immer als eine mühselige Last betrachtet. Sie wollte ihren Mann ganz für sich allein. Obwohl er sie sehr liebte, fand ihr Mann das Leben mit ihr immer schwieriger und war tief getroffen von ihrer kalten, gefühllosen Art seinen Kinder gegenüber. Er hatte gehofft, dass sie ihn und seine Kinder lieben würde, aber seine Kinder fanden bei ihr keinen sicheren Hafen und spürten Janes Ablehnung immer deutlicher.

Eines Abends wollte Jane Sex, doch ihr Mann wies sie zurück. Sie war furchtbar wütend. „Wie kannst du es wagen, mich abzuweisen!", sagte sie und drohte ihm, ihn aus dem Haus zu werfen. Zu ihrer Überraschung packte er tatsächlich seine Koffer und zog in eine Wohnwagensiedlung. Jane war am Boden zerstört. Sie hatte fest damit gerechnet, dass er mit eingezogenem Schwanz zu ihr zurückkehren würde. Ihr Mann vermisste jedoch ihre kritische, abweisende Art nicht im Geringsten und fand innerhalb eines Monats eine neue Freundin. Zwei Jahre danach war Jane immer noch vollkommen verbittert. Voller Zorn und Eifersucht versuchte sie, ihren Mann zurückzugewinnen.

Sie brauchte lange, um den Zusammenhang zwischen ihrer Wut und ihrem Magengeschwür, ihren Krampfadern und den Hämorrhoiden zu erkennen. Durch unsere Bewusstseinsarbeit konnte sie dann ihren tiefen Zorn spüren, dessen Wurzeln weit über die Wut auf ihren Mann hinausgingen. Als kleines Mädchen hatte ihr Vater sie abgelehnt, weil sie kein Junge war. Egal, was sie tat oder wie sehr sie sich auch anstrengte, sie konnte es ihm nie recht machen. So tief verletzt durch die väterliche Ablehnung, wiederholte sie dasselbe Muster mit ihrem Mann und ihren Stiefkindern. Sie wurde zum ablehnenden Elternteil und stieß die Kinder ihres Mannes so sehr vor den Kopf, dass er sich ebenfalls abgelehnt fühlte. Mit ihrem Verhalten zerstörte sie auch das letzte bisschen Verbundenheit, das er noch mit ihr empfand.

Ich wies Jane darauf hin, dass es nicht zu spät wäre, ihre Stiefkinder zu lieben. Nach anfänglichem Widerstand suchte sie schließlich doch ihren Stiefsohn auf und verbrachte mehrere Wochenenden mit ihm und ihrem kleinen Enkel. Schließlich wurde ihr klar, dass sie zuerst lernen musste, Liebe zu geben, um die Liebe zu bekommen, nach der sie sich so sehr sehnte.

Ein ausgeglichenes drittes Chakra

Wenn unser drittes Energiezentrum fit und gesund ist, sind wir handlungsfähig und haben unsere Absichten klar im Blick. Menschen mit einem kraftvollen dritten Chakra sind standhaft und im Vollbesitz ihrer Kräfte. Sie haben es nicht nötig, Kraft von jemand anderem zu fordern oder mit Gewalt zu nehmen. Die Energie fließt ihnen zu, weil sie wissen, wer sie sind und wer sie nicht sind. Diese Menschen können in der Welt viel erreichen.

Ein leuchtendes Beispiel für jemanden mit einem integrierten dritten Energiezentrum ist Halle Berry, die erste Afroamerikanerin, die einen Oskar als beste Schauspielerin für ihre Rolle in *Monster's Ball* gewann. Berry, das Kind einer weißen Mutter und eines afroamerikanischen Vaters, war ein scheues junges Mädchen. Ihr Vater trank und schlug ihre Mutter, bis er sie verließ, als Halle vier Jahre alt war. In der Schule wurde sie als Mischling gehänselt. Trotzdem beschloss sie, Schönheitskönigin, Model und schließlich Schauspielerin zu werden. Bei den Dreharbeiten zu einer TV-Show wurde sie plötzlich am Set ohnmächtig. Der Grund dafür war eine unerkannte Diabetes. Halle lag wochenlang im Koma. Als sie daraus erwachte, stellte sie umgehend ihre Ernährung um und begann, intensiv Sport zu treiben. Inzwischen betrachtet sie die Krankheit als Geschenk: „Durch sie habe ich Stärke und Zähigkeit gewonnen, denn ich musste mich der Wirklichkeit stellen, egal, wie schlimm oder schmerzlich das war."

Schmerzlich war auch ihr Selbstmordversuch, nachdem ihre erste Ehe in die Brüche ging. Allein die Vorstellung, dass ihre Mutter sie finden könnte, hielt Berry davon ab, wirklich ernst zu machen. In der Zeitschrift *Parade* sagte sie: „Mein Selbstwertgefühl war unglaublich angeschlagen. Ich musste mich neu programmieren, um das Gute in mir zu sehen. Nur weil jemand mich nicht liebte, bedeutete das noch lange nicht, dass ich nicht liebenswert war. Ich schwor mir, nie wieder ein Feigling zu sein." Halle Berry war vielleicht verzweifelt und fühlte sich unzulänglich, doch mit Willenskraft und Zähigkeit überwand sie schließlich die Störung ihres dritten Chakras. Inzwischen lebt sie ihre Wahrheit, ohne sich dem zu beugen, was andere sagen, und hat gelernt, ihre Wünsche wahr zu machen. So gelang es ihr auch, ihren Diabetes zu überwinden und das Baby zu bekommen, nach dem sie sich so sehr gesehnt hatte – trotz fünfunddreißig negativer Schwangerschaftstests! In einem Interview mit der Zeitschrift

Hello sagte sie: „Ich war in meinem ganzen Leben nie in besserer körperlicher und emotionaler Verfassung und bin sogar privat glücklich – das ist wirklich völlig neu für mich!"

Hier sind ein paar Empfehlungen für ein ausgeglichenes drittes Chakra:

- Leben Sie Ihre Wahrheit, unabhängig davon, was andere denken.

- Übernehmen Sie die Verantwortung für Ihre Worte und Taten.

- Machen Sie sich klar, dass Sie über ihr Leben entscheiden und die Fähigkeit haben, Ihre Wünsche wahr werden zu lassen.

Checkliste

Wenn Sie befürchten, dass bei Ihnen in diesem Bereich ein Ungleichgewicht besteht, beantworten Sie die folgenden Fragen:

1. Bin ich empfänglich für eine der Krankheiten auf Seite 73/74?

2. Bin ich in der Lage, meine Wut und meinen Ärger anzuerkennen und sie zu überwinden, ohne anderen die Schuld zuzuweisen oder sie anzugreifen?

3. Werde ich innerlich von Eifersucht zerfressen?

4. Kann ich mit anderen gleichberechtigt zusammen arbeiten oder muss ich immer im Rampenlicht stehen?

Wahrheit heilt

5. Übe ich unablässig Druck auf mich selbst oder andere aus, um etwas zu erreichen? Will ich die Zeit selbst bezwingen?

6. Versuche ich, Menschen oder Ereignisse zu kontrollieren?

7. Stehe ich für gewöhnlich mit verschränkten Armen da, um meinen Solarplexus zu schützen?

8. Fühle ich mich oft von Menschen, mit denen ich zusammen bin, überwältigt?

9. Geht es mir nur ums Gewinnen?

10. Brauche ich Anerkennung von anderen, um mich selbst schätzen zu können?

Damit sie sich stärker, lebendiger und besser in Kontakt mit sich selbst fühlen, empfehle ich meinen Patienten immer wieder, einen Teil ihres Tags im Freien zu verbringen, vorzugsweise am frühen Morgen oder kurz vor Sonnenuntergang.

(Wenn Sie leicht wütend werden oder reizbar sind, sollten Sie jedoch darauf achten, dass ihnen nicht zu warm wird). Jede Form von Bewegung aktiviert Ihren Körper und lädt ihn wieder auf, besonders gleich früh am Morgen. Versuchen Sie es einmal mit Bewegungsarten wie Tai Chi, Yoga oder Pilates, am besten an der frischen Luft. Auch Gartenarbeit ist ein wunderbarer Ausgleich zu einem hektischen, temporeichen Alltag. Alles, was Ihnen erlaubt, ruhiger zu werden und mit sich selbst und Ihren wahren Gefühlen in Kontakt zu kommen, ist genau richtig für Sie.

Das vierte Energiezentrum

KAPITEL VIER

Was muss ich tun, um geliebt zu werden?

An einem schönen Sommermorgen lief ich mit einem Strauß Wildblumen ins Haus. Sie sahen aus wie buntes Konfetti. Ich hatte jede Blume einzeln gepflückt, extra für Mutter. Sie schaute auf die Blütenpracht herab, riss sie mir aus der Hand und warf sie wütend weg. Vollkommen verdutzt über ihre Wut sah ich sie an. Ich war mir so sicher gewesen, dass die Blumen sie zum Lächeln bringen würden. Ihre Augen loderten wie Feuer, sie brannten sich in das weiche, zerbrechliche Gewebe meines Herzens. Dann drehte sie sich zu meinem Bruder um und lächelte – ihre Liebe richtete sich auf ihn wie ein Scheinwerfer aus purem goldenem Licht.

Die Aufmerksamkeit meiner Mutter war wie ein Sandsturm
– glühend heiß und trocken. In ihrer Gegenwart konnte ich nie
durchatmen. Was hatte ich verbrochen, dass sie mich derart erstickte und auslöschte? Sie hatte mir ihre Liebe schon vor meiner
Geburt entzogen, sie in einem steinernen Briefumschlag versiegelt
und geschworen, den Brief nie abzuschicken. Ich konnte nichts
dagegen tun.

Mit sieben Jahren hatte ich ein Stahlschild um mein Herz ge-
schmiedet, um mich vor dem eisigen Schwert ihres Blicks zu
schützen. Ihre Ablehnung war deutlich zu spüren und dennoch
schwer zu ertragen. Mir einzugestehen, dass meine Mutter mich
nicht liebte, hätte mir das Herz gebrochen. Stattdessen schloss
ich einen Pakt mit mir selbst und schwor mir insgeheim: *Diesen
Schmerz werde ich nie in mein Herz lassen. Um gar keinen Preis.* In diesem zarten Alter hätte ich die Wahrheit einfach nicht ertragen.
Alle Mütter lieben doch ihre Kinder, nicht wahr? Das war ein fest-
geschriebenes, unumstößliches Naturgesetz. Ich wollte unbedingt
glauben, dass mich meine Mutter ganz bestimmt auch liebte.

Aber im Laufe der Zeit schrieb ich sie einfach ab. Ich kündig-
te meine Mitgliedschaft im Mutter-liebt-mich-Club. Erst nach vielen Jahren und immens viel innerer Arbeit gestattete ich mir, die
Wahrheit über diese wichtige, prägende Beziehung voll und ganz
anzusehen und anzufühlen. Ich war über dreißig Jahre alt, als ich
endlich begann, das Undenkbare zu akzeptieren: Ich war meiner
Mutter wirklich vollkommen egal. Schließlich wurde mir sogar
bewusst, dass mein Herz gebrochen war. Doch zu dieser Zeit
hatte ich es bereits seit langem verschlossen.

Viele Jahre später bin ich immer noch dabei, diesen ersten
Riss in meinem Herzen zu flicken. Die Mutterliebe ist das Erste,
was wir erleben, und sie bestimmt buchstäblich über unseren
Herzschlag. Unsere ursprüngliche Verbindung mit dem Leben
kommt allein durch die Mutter. Sie garantiert unser Überleben –

oder auch nicht. Sie überträgt uns das grundlegende Recht, zu lieben und geliebt zu werden, – oder auch nicht.

Meine Beziehung zu Männern gelang grundsätzlich besser als meine Beziehung zu Frauen. Diese spiegelten mir die Erfahrungen, die ich mit meiner Mutter gemacht hatte; Frauen schienen mich einfach nicht zu mögen. Als ich endlich in der Lage war, mein Herz ihnen gegenüber zu öffnen, wagte ich mich damit auf ein ganz neues Gebiet vor – ich pflegte Freundschaften mit Frauen, die mich auf vielerlei Art und Weise unterstützten. Von ihnen lernte ich, dass meine Mutter mich nicht liebte, weil sie einfach nicht dazu in der Lage war. Meine Mutter konnte mich nur bis zu dem Grad lieben, mit mir einverstanden sein und mich schätzen, wie sie sich selbst lieben, mit sich einverstanden sein und sich schätzen konnte. Aber das war ihr nicht möglich, weil sie ihren weiblichen Teil nicht liebte.

Ich bin immer noch nicht „ganz gesund". Tatsächlich ist Heilung ein laufender Prozess, und während sich manche Wunden schnell schließen, brauchen andere viel mehr Zeit.

Das vierte Energiezentrum: Das Herzchakra

In der Mitte des Brustkorbs gelegen, steuert das vierte Chakra die Lungen, das Herz, den Herzbeutel, die Thymusdrüse, den oberen Rücken und die Rippen, die Arme und Hände. Das Herz ist die Verbindung zwischen den drei unteren Chakren, die uns mit der Erde verwurzeln, und den drei oberen, die uns an die Unendlichkeit anschließen. Es ist die Brücke zwischen der physischen und der geistigen Welt, zwischen dem Selbst und den Anderen. Das Herz ist das zentrale Lebensorgan des Körpers. Die wesentlichen Themen dieses Zentrums sind: Geben und Nehmen, bedingungslose Liebe, Dankbarkeit, Hingabe und Öffnung. Befindet sich das

Herzchakra im Gleichgewicht, sind wir zufrieden und fühlen uns eins mit uns selbst, wir sind fürsorglich, mitfühlend und bereit zu vergeben.

Ein gestörtes viertes Chakra kann folgende Symptome hervorrufen:

- Stauungsinsuffizienz, Herzanfälle, Mitralklappenprolaps, Brustschmerzen
- Arteriosklerose, periphere Gefäßerkrankungen
- Asthma, Atemnot
- Allergien
- Lungenkrebs, Lungenentzündung, Bronchitis, Lungenaufblähung
- Brustkrebs und Brusterkrankungen wie Mastitis oder Zysten
- Immunschwäche
- Kreislaufprobleme
- Verspannungen oder Schmerzen zwischen den Schulterblättern
- Schulter-, Arm- und Handprobleme wie Sehnenscheidenentzündung

Wenn unser Herzzentrum nicht im Gleichgewicht ist, spüren wir das. Es beginnt vielleicht mit einem gebrochenen Herzen oder mit der Abspaltung von unserem eigenen Herzen. Gebrochene Herzen gibt es überall. Schafft ein einziger Mensch es durchs Leben, ohne dass sein Herz nicht wenigstens ein Mal einen Riss bekommt? In jungen Jahren kann unser Herz brechen, weil ein Elternteil, ein Freund, ein Lehrer oder eine „erste Liebe" uns zurückweist oder verrät. Später kann die Liebe unser Herz auf tausenderlei Arten brechen. Vielleicht verlässt uns jemand oder

Wahrheit heilt

stirbt. Auch ein grundlegender Vertrauensverlust kann unserem Herzen Schmerz zufügen.

Wie wir dann mit unseren Gefühlen umgehen, ist essenziell. Viele von uns reagieren so, wie sie es von klein auf von ihren Eltern gelernt haben. Vielleicht sollten wir nicht weinen, als einer unserer Freunde wegzog, oder aufhören zu heulen und „uns wie ein großes Mädchen benehmen", wenn ein Junge aus der Schule, in den wir uns verliebt hatten, unsere Zuneigung nicht erwiderte. Später befahl man uns vielleicht, uns „zusammenzureißen und es wegzustecken", wenn wir nicht ins Schwimmteam aufgenommen wurden, wenn niemand mit uns auf den Ball gehen wollte oder wir nicht die Universität unserer Wahl besuchen konnten.

Das Herz zu verschließen ist eine typische Reaktion, wenn der Schmerz unerträglich wird. Doch ein Herz, das sich den Gefühlen verschließt, die wir nicht fühlen wollen, schirmt sich auch ab gegen die Liebe, nach der wir uns am meisten sehnen. Wenn wir unser Herz verschließen, mindern wir nicht nur unsere Fähigkeit, Liebe zu geben und zu nehmen, sondern gefährden auch unsere Gesundheit.

Ein verschlossenes und gebrochenes Herz

Das Herz ist das zentrale Körperorgan, es macht uns lebendig. Ein Herz, das sich verschlossen hat, um Schmerz zu vermeiden, kann Krankheiten verursachen. Viele Patienten, die mit Angina, Arteriosklerose oder anderen Problemen zu mir kommen, die das vierte Chakra betreffen, haben unbewusst ihr Herz verschlossen, um sich zu schützen. Sie wissen vielleicht gar nicht mehr, wann oder wie das passierte, doch sie zahlen einen hohen Preis dafür.

Oft verschließen Homosexuelle ihr Herz in jungen Jahren, um die Ablehnung durch Verwandte oder Freunde nicht zu spüren.

Die Immunschwächekrankheit HIV hängt mit der Thymusdrüse zusammen, die über dem Herzen und hinter dem Brustbein sitzt. Die Thymusdrüse unterstützt die Abwehrkräfte des Körpers, indem sie Hormone produziert, die an der Entstehung von T-Helferzellen mitwirken – wichtigen Akteuren für ein funktionierendes Immunsystem.

Die Thymusdrüse kann erkranken, wenn jemand innerlich gegen sich selbst ankämpft. Ein Mangel an Liebe oder Selbstakzeptanz – das Gefühl, so wie wir sind nicht liebenswert zu sein oder darum kämpfen zu müssen, geliebt zu werden, wie wir sind – kann ein ungesundes Milieu innerhalb des Körpers erzeugen. Alles, was den Energiefluss im Körper drosselt oder blockiert, macht uns krank. Unterdrückte Gefühle wie Wut oder Scham schwächen das Immunsystem. Gefühle *können demnach tatsächlich töten*, wenn sie unterdrückt werden.

Eine typische Krankheit bei Störungen des vierten Chakras ist Lungenkrebs, an dem beispielsweise Dana Reeve starb, die Ehefrau des ebenfalls verstorbenen Christopher Reeve, an den wir uns gern als „Superman" erinnern. Kurz nach dem Tod ihres Mannes wurde bei ihr Lungenkrebs diagnostiziert. Obwohl sie nie geraucht hatte, starb sie bald nach ihrem Mann und ließ ihren dreizehnjährigen Sohn als Waise zurück. All der unterdrückte Kummer, den sie seit dem Unfall ihres Mannes in sich trug (er fiel vom Pferd und war danach vom Hals abwärts gelähmt), wurde möglicherweise durch seinen Tod freigesetzt.

Kummer ist unangenehm und schmerzhaft. Er verbirgt sich oft hinter unserer Wut. Manche von uns fürchten, von ihrem Kummer erdrückt zu werden und sich nie mehr davon zu erholen, wenn wir ihm nachgäben. Trauern bedeutet, unsere Traurigkeit zuzulassen, sie zu spüren und uns davon überwältigen zu lassen. Wenn wir nicht trauern, sondern unsere Gefühle unterdrücken, können sie später in Form einer Krankheit wieder zutage treten.

Auch Brustkrebs ist eindeutig mit dem Herzchakra verbunden. Die extrem erfolgreiche Sängerin und Liedermacherin Melissa Etheridge brachte den Brustkrebs ins öffentliche Bewusstsein, als sie 2005 bei den Grammy Awards auftrat. Wegen ihrer Chemotherapie war sie vollständig kahl. Ihre Interpretation des Janis Joplin Songs *Piece of my Heart* wurde zum Highlight des Abends. Diese wirklich mutige Frau hatte 1993 beim Triangle Ball anlässlich der Vereidigung von Bill Clinton zum Präsidenten der Vereinigten Staaten ihr Outing als Lesbe.

Von einem gebrochenem Herzen kann sie wahrlich ein Lied singen. In ihren Memoiren *The Truth is ... My Life in Love and Music* lüftet sie das dunkle Geheimnis ihrer Kindheit. Etheridge wurde jahrelang von ihrer älteren Schwester missbraucht, erstmals im Alter von sechs Jahren. In ihrem Buch erzählt sie von ihrer schmerzlichen Jugend, ihrer einsamen Kindheit und ihren Depressionen. Das Schreiben über den Missbrauch und ihr gebrochenes Herz nach dem Ende ihrer Beziehung zu Julie Caper, der Mutter ihrer zwei Kinder (Samenspender war Rocklegende David Crosby), halfen ihr dabei, ihr Leben wieder in den Griff zu bekommen. Später besiegelte sie in einer öffentlichen Zeremonie ihre neue Partnerschaft mit der Schauspielerin Tammy Lynn Michaels und feierte dieses Ereignis gebührend. Tammy Lynn Michaels brachte im Jahr 2006 Zwillinge zur Welt.

Wie Etheridge in einem Interview auf CNN sagte: „Mir wurde sehr früh klar, dass ich über die Wahrheit schreiben konnte. Auch wenn es mir schwer fiel, darüber zu sprechen, konnte ich mir die Wut und Traurigkeit von der Seele schreiben." Während es in ihren früheren Liedern fast immer um Trauer ging, um die Angst, verlassen zu werden und um den verzweifelten Schrei nach Liebe, ist der Ton ihrer Musik in letzter Zeit viel fröhlicher geworden. Er spiegelt den schwer erkämpften Frieden ihres Herzens wider.

Eine persönliche
Bestandsaufnahme machen

Als ich allmählich von den Folgen einer Erziehung genas, die fast meine Liebesfähigkeit zerstört hätte, erkannte ich, dass ich Liebe ganz neu erlernen musste. Ich begann, die Stärke meines Herzens zu erforschen, indem ich es unerschrocken den Veränderungen und Wachstumsschritten in meinem Leben aussetzte. Ich machte regelmäßig eine „persönliche Bestandsaufnahme" meines Herzchakras, damit ich nicht vergaß, wie wichtig es war, offen dafür zu bleiben, Liebe zu geben und zu nehmen.

Wenn Sie in Ihrem Leben keine Liebe anziehen, sollten Sie sich fragen, ob Ihr Herz wirklich offen ist, oder ob Sie alte Verletzungen in sich tragen und nähren. Eine persönliche Bestandsaufnahme ist ein verlässliches Werkzeug herauszufinden, ob Ihr Herz bereit ist.

Nehmen Sie sich einen Moment Zeit und fragen Sie sich:

- Was fühle ich gerade?
- Wo verletze ich andere?
- In welcher Weise enthalte ich anderen Menschen meine Liebe vor?
- Warum tue ich das?
- Könnte ich liebevoller mir selbst und anderen gegenüber sein?
- Glaube ich, dass ich perfekt sein muss, um geliebt zu werden?
- Wie kann ich mich genauso lieben, wie ich bin?
- Was bedeutet Selbstakzeptanz für mich?
- Habe ich mich von anderen isoliert?

Wahrheit heilt

- Fehlt es mir an Empathie oder habe ich Angst vor Intimität?
- Ziehen mich andere Menschen übermäßig an und brauche ich ihre Anerkennung und ihre Liebe?
- Bin ich co-abhängig, schenke ich den Bedürfnissen anderer mehr Aufmerksamkeit als meinen eigenen? Bin ich mir zum jetzigen Zeitpunkt genug? Wenn nicht, wann werde ich mir genug sein?

Diese Überlegungen können uns helfen, ein Ungleichgewicht im vierten Energiezentrum einzuschätzen. Wenn wir uns besser kennenlernen, verraten uns die Antworten auf diese Fragen, wann, wo und wie unser Herz Heilung braucht.

Wirkliche Liebe ist ein Gefühl der Wahrheit. Liebe kann alle Wunden heilen, die wir erlitten haben – sofern wir ihr gestatten zu fließen.

Mein eigenes Leben wurde gesegnet, als ich meinem Mann begegnete. Ich glaube, meine Mutter spürte instinktiv, dass ich mit Eric die wahre Liebe gefunden hatte, und sie hasste mich noch mehr dafür. Als Eric auf einer Party unsere Verlobung bekanntgab, zischte sie mir zu: „Du wirst diesen französischen Bergsteiger nicht heiraten!" Aber ich heiratete ihn doch – einen sanften, liebevollen Mann, der die besten Eigenschaften meines Vaters verkörperte.

Ich war klug genug, Erics Liebe zu erkennen, und ich war gewillt, sie anzunehmen. Natürlich hatten auch Eric und ich unsere Kämpfe, doch er war für mich immer eine bemerkenswerte Kraftquelle. Er hat mich durch einige der schwierigsten Phasen meines Lebens begleitet – als ich manisch-depressiv war, als ich mich in meinen Zwanzigern mit einer ganzen Reihe von Männern sexuell austobte, als ich zu viel trank und mein Leben ganz und gar aus den Fugen geriet. Aber schließlich gelang es mir, an seine Liebe zu glauben und ihr zu vertrauen.

Vergebung

Als ich in meiner Kindheit mein Herz verschloss, um mich vor meiner Mutter zu schützen, setzte das einen Dominoeffekt in Gang, den ich nur in jahrelanger Arbeit rückgängig machen konnte. Meine Schultern rundeten sich, um mein Herz zu schützen, und es sank in meinem Brustkorb zusammen. Ich hatte die Vorderseite meines Herzens verschlossen, denn es war gefährlich zu lieben. Ich konnte meine Liebe, meine Wünsche und meine Gefühle nicht unbeschwert ausdrücken.

Mein antrainiertes Überlebensmuster ist sehr verbreitet unter Menschen, die im Herzen verwundet wurden. Ich entdecke dieses Muster oft bei Patienten, die Untreue erlebt haben. Ihre Partner betrogen sie, und sie verschlossen instinktiv ihr Herz. Der hintere Teil ihres Herzens fällt hilflos in sich zusammen und macht sie zu wehrlosen Opfern. Manchmal schwillt er aber auch an, und sie werden herrschsüchtig und störrisch.

Becky, eine fünfzigjährige Frau, kam mit einer diagnostizierten Arterienverhärtung in meine Praxis. Zehn Jahre zuvor hatte ihr Mann eine Affäre gehabt. Als sie seine Untreue entdeckte, verschloss sie sich und schwor: „Ich werde ihm *nie* vergeben." Das wurde in den folgenden Jahren zu ihrer Hymne, eine hundertprozentige Verpflichtung zu Bitterkeit und Hartherzigkeit. Sie bestätigte diese Haltung bereitwillig und voller Stolz, doch ihr war überhaupt nicht bewusst, welches Chaos das in ihrem Körper anrichtete, und sie ahnte auch nicht, wie weh sie ihren Kindern damit tat.

Beckys Weigerung, ihrem Mann zu vergeben, wurde zu einer undurchlässigen Mauer um ihr Herz. Ihre Arterien – die Kanäle von Blut und Leben – verhärteten und verdickten sich vor lauter Wut. Mir war klar, dass es schwierig würde, sie zu erreichen. Sie war in ihrer Position gefangen und fest davon überzeugt recht zu haben, auch wenn ihr wütendes Schweigen sie unglücklich machte. Wenn sie ihre Wut nicht losließ und ihrem Mann verzieh, würde sie erneut einen Herzanfall erleiden.

Verhärtung ist genau das, wonach es klingt – extrem angestaute Energie. Der Energiefluss im Körper, besonders zum Herzen hin, ist behindert, und die Liebesenergie kann nicht mehr frei in uns hinein- und wieder zu anderen zurückfließen. Das fühlt sich weder für den Betroffenen gut an, noch für sein Umfeld.

Am Anfang bewegte sich Becky keinen Millimeter. Sie erwartete, dass ich sie „wieder in Ordnung brachte", aber sie wollte von all meinen Vorschlägen nichts wissen. Sie lehnte es ab, selbst etwas zu tun, besonders, wenn es darum ging, ihre Meinung über ihren Mann zu revidieren. „Ich habe jedes Recht, sauer auf ihn zu sein", erwiderte sie, wenn ich ihr sagte, dass ihre Wut ihrer Gesundheit schwer schadete. So behutsam wie nur möglich bat ich sie, die Möglichkeit der Vergebung in Betracht zu ziehen, und sei es auch nur um ihrer Gesundheit willen. Langsam aber sicher dämmerte Becky der Zusammenhang zwischen ihrer Krankheit und ihrem unversönlichen Schwur.

Richtig wach wurde sie, als wir auf ihre Kindheit zu sprechen kamen. Sie erinnerte sich daran, dass sie denselben Schwur schon einmal als zehnjähriges Mädchen geleistet hatte, als ihr Vater sie und ihre Mutter für immer verließ. Diese Übereinstimmung war sehr interessant: Sie war zehn, als ihr Vater ging, und ihr Mann hatte im zehnten Jahr ihrer Ehe eine Affäre. Als ich ihr Energiefeld untersuchte, kamen mir Szenen vor Augen, die ich ihr beschrieb. Ich erwähnte, dass sie vielleicht nicht alle Gründe für das Verschwinden ihres Vaters kannte. Becky sperrte sich gegen diesen Gedanken und behauptete, alles darüber zu wissen. Im Gegenzug fragte ich sie, ob sie ihren Kindern immer alles erzählte, wenn sie und ihr Mann miteinander stritten.

Nein, gab sie zu, natürlich sagte sie ihren Kindern nicht immer die ganze Wahrheit. Ich fragte sie, ob ihre Mutter das genauso gemacht haben könnte. „Ja", gab sie schließlich zu, „das ist durchaus möglich."

Dann bat ich sie, den letzten Tag zu visualisieren, an dem sie ihren Vater gesehen hatte und die verdrängten Gefühle zuzulassen. Sie ließ sich darauf ein und weinte sehr alte Tränen, die die Trauer aus ihrem Körper herausspülten. Am Ende dieser Sitzung erkannte Becky einen Zusammenhang, der die Tür zu ihrer Heilung öffnete: „Ich habe nie geweint, nachdem mein Vater uns verlassen hat. Ich dachte, wenn ich ein großes Mädchen wäre, wie es meine Mutter von mir verlangte, würde er bestimmt wiederkommen. Aber er kam nicht wieder, und er rief auch nie an. Ich habe ihm nie vergeben, doch ich erzählte allen, es ginge mir gut. Ich habe nie geglaubt, dass irgendjemand mich jemals richtig lieben würde. Ich glaube, ich habe erwartet, von meinem Mann verletzt zu werden."

Als sie langsam weicher wurde und erkannte, dass sie ihre Wut auf ihren Vater auf ihren Mann projiziert hatte, konnte sie tatsächlich liebevoller sein und ihrem Mann Schritt für Schritt vergeben.

Sie gestand sich ein, dass sie von Anfang überzeugt war, ihr Mann würde sie irgendwann verlassen. Sie hatte immer darauf gewartet, dass es passierte, genau wie bei ihrem Vater. Becky erkannte, dass sie nach dem Drehbuch ihrer Mutter lebte – sie hatte ihren Mann durch ihren unerbittlichen Zorn und ihr Misstrauen von sich weggestoßen.

Als sie begann zu vertrauen und zu vergeben, verbesserte sich auch der Zustand ihrer Arterien. Je mehr sie sich ihres Kampfes gegen ihre eigene Bitterkeit bewusst wird, desto besser geht es ihr.

Den Zusammenhang erkennen

Häufig wird das energetische Muster einer Krankheit nach einer Krise oder einem Trauma in Gang gesetzt. Anfänglich wollen die meisten meiner Patienten nicht glauben, dass verdrängte Gefühle zu Krankheiten führen können, doch wenn sie den Zusammenhang zwischen ihrer Lebensgeschichte und ihren Krankheiten erkennen, wird ihnen einiges bewusst. So auch bei Claudia.

Claudia hatte gerade erst geheiratet und wollte insgeheim keine Kinder. Ihr Mann wünschte sich ein Kind und meinte, sie könne sich weiterhin in ihrem Beruf verwirklichen und trotzdem eine Familie haben. Doch Claudia hatte gesehen, wie andere Frauen in ihrem Beruf diesen Spagat versuchten, und hielt es für eine unlösbare Aufgabe. Das Leben als Rundfunkjournalistin war per definitionem unberechenbar, und sie hatte keine Lust, ihre Mobilität und Unabhängigkeit für die Mutterschaft zu opfern. Genauso wenig konnte sie sich vorstellen, den Lebensstil zu ändern, den sie und ihr Mann bisher pflegten – die Skiferien, der Urlaub in den Tropen, mehrere Wohnungen und ein reges Gesellschaftsleben. Obschon sie sich ohne weiteres ein Kindermädchen leisten konnten, mochte Claudia ihr Jet-Set-Leben und mochte es nicht für ein Kind aufgeben. Genauso wenig wollte sie aber riskieren, ihren Mann zu verlieren.

Mit vierzig erfüllte sie ihm dann seinen Herzenswunsch und wurde schwanger. Sie arbeitete nur noch halbtags und gab ihren Job nach der Geburt des Babys ganz auf. Dann bekam sie eine schmerzhafte Brustentzündung und konnte ihr Neugeborenes nicht stillen. Als sie mich aufsuchte, ging ihre Tochter in den Kindergarten, aber sie hatte trotzdem nicht wieder angefangen zu arbeiten. Claudia litt inzwischen seit mehreren Jahren an chronischer Brustentzündung und war mit den Nerven am Ende. Als ich zu bedenken gab, dass sie vielleicht nicht gern den ganzen Tag als Mutter zu Hause säße anstatt ihrem Beruf nachzugehen, widersprach sie vehement. Dass sie deswegen Bedauern oder Wut verspürte oder dass es mit ihrer Brustentzündung zusammenhängen könnte, war für sie undenkbar. Claudia war durchaus an ihrem persönlichen Wachstum interessiert und engagierte sich auch dafür, doch hier war ihr blinder Fleck.

Oft haben unsere blinden Flecken auf der emotionalen Ebene mit unserer „Verdrahtung" mit grundlegenden Überlebensthemen zu tun. Claudia spürte beispielsweise, dass ihre Ehe von einem Kind abhing – wenn sie bei der Kinderfrage ehrlich gewesen wäre, hätte das ihre Ehe zerstören können.

Frauen stehen, was Mutterschaft und Karriere angeht, oft vor einem unlösbaren Dilemma. Es wird erwartet, dass wir alles schaffen – wir sollen Karriere machen, unsere Familie managen, für unseren Partner da sein, alles zusammenhalten und gleichzeitig noch blendend aussehen. Das ist eine unmögliche Vorstellung – es wird uns nicht gelingen. Diejenigen von uns, die es immer noch versuchen, ähneln häufig Zeitbomben – kurz davor zu explodieren. Claudia war eine solche Zeitbombe, besonders da sie ihre wahren Gefühle nicht zugeben konnte.

Bei ihrem zweiten Besuch begann sich ihr Bewusstsein zu öffnen. Als ich ihr vorschlug, jetzt, da ihre Tochter älter war, wieder einen Halbtagsjob anzunehmen, fuhr sie mich ärgerlich an: „Sie wollen, dass ich das Leben lebe, das ich liebe ... obwohl ich ein Kind habe?" Sie brach mitten im Satz ab, sah mich an und schwieg verblüfft. „Glauben Sie, ich bin wütend, weil ich meine Karriere für meine Tochter aufgeben musste? Ich habe geschworen, nie wie meine Mutter zu werden, die immer den Küchenschrank zuknallte und mir vorwarf, wegen mir sei ihr Leben so langweilig."

Den Zusammenhang zwischen ihrer Unzufriedenheit und dem Thema Mutterschaft zu erkennen, war ungeheuer wichtig für sie. Ihr wurde klar, dass sie ihrer Tochter unbewusst die Schuld am Ausstieg aus ihrem Beruf gegeben hatte. Nun konnte sie ihre grundsätzlichen Überzeugungen überdenken und ihre Prioritäten neu setzen.

Nach mehreren Sitzungen, die ihr halfen, ihren Brustbereich von alten Gefühlen zu heilen, ging ihre Entzündung spürbar zurück. Inzwischen arbeitet sie wieder und genießt es sehr. Ihre Tochter nimmt nach der Schule Ballettunterricht, während Claudia arbeitet. Mutter, Tochter und Ehemann geht es blendend. Claudia fand heraus, dass wir uns nicht selbst belügen können, ohne dass unser Körper oder unsere Beziehungen in Mitleidenschaft gezogen werden. Was wir verbergen, schadet uns. Die Wahrheit heilt uns.

Herzanfall!

Herzanfälle können ein Alarmsignal sein. Aus der Perspektive der energetischen Medizin spiegelt ein Herzleiden auf körperlicher Ebene einen Liebesmangel oder -verlust wider. Für mich ist der Ex-Präsident Bill Clinton ein perfektes Beispiel dafür, wie sich ein gebrochenes Herz auf körperlicher Ebene als Krankheit manifestiert. Clintons Affäre mit Monica Lewinski und die öffentliche Untersuchung des Falls lösten in ihm eine intensive Scham aus und kosteten ihn das Ansehen des amerikanischen Volks. Er war unzweifelhaft in Ungnade gefallen und sein Herz zahlte den Preis für diesen großen Kummer.

Als der ehemalige Präsident im Jahr 2004 mit Schmerzen in der Brust ins Krankenhaus eingeliefert wurde, entdeckten die Ärzte, dass alle wichtigen Arterien bedrohlich verengt waren. Nach seiner Bypass-Operation schien er emotional vernichtet. Und ich vermute, das traf auch zu. Dass er seine Ehe aufs Spiel gesetzt und den Respekt, die Bewunderung und Liebe der Welt verloren hatte, forderte einen hohen Tribut von seinem Herzen. Auch wenn Clinton sein Herzleiden auf zuviel Fast Food während seiner Präsidentschaft zurückführte, gaben doch höchstwahrscheinlich emotionale Ursachen den Ausschlag.

Jede Krankheit, sogar ein Herzanfall, kann in Wirklichkeit ein Geschenk sein. Manchmal lassen Krankheiten uns offener und weicher werden. Wenn wir dem Tod ins Gesicht gesehen haben, wissen wir geliebte Menschen noch mehr zu schätzen und wollen ihnen nah sein. Viele Menschen eilen im Angesicht des Todes oder nach einer Nahtoderfahrung zu ihren Liebsten und erklären: „Ich liebe euch mehr als alles auf der Welt." Die Liebe ist die größte Kraft auf Erden. Wenn wir die Liebe in unseren Herzen erwecken, kann uns das heilen.

In der Krankheit liegt immer auch ein Potenzial für die Veränderung zum Guten. So wie bei meiner Mutter: Eigentlich tauchte ich nur sehr selten bei Familienfeiern auf, doch in einem Jahr hatte ich das Gefühl, es gehe ihr nicht gut, und so fuhr ich zu Thanksgiving zu meiner Familie. Meine Mutter gestaltete immer bilderbuchreife Thanksgiving-Feiern. Nach dem Essen wirkte sie ausgesprochen munter, und ich dachte schon, meine Intuition hätte mich getäuscht. Aber kurz nach meiner Abreise klingelte das Telefon: Mutter war mit einem Herzanfall ins Krankenhaus eingeliefert worden. Nachdem sie sich wieder erholt hatte, fiel uns allen auf, wie viel weicher sie wirkte – als hätte der Anfall ihr Herz erwärmt. Sie war plötzlich wie verwandelt, viel netter und liebevoller zu allen – sogar zu mir. Zum ersten Mal in meinem Leben kam ich in den Genuss ihrer fürsorglichen und zärtlichen Seite.

Wir alle haben helle und dunkle Seiten. Unsere wesentlichsten Eigenschaften können sich durch ein einschneidendes Erlebnis grundlegend ändern. Für meine Mutter war der Herzanfall ein solches katalytisches Erlebnis.

Bei vielen Menschen ist es die direkte Konfrontation mit ihrer Sterblichkeit, die „den Schalter umlegt" und sie zum Leuchten bringt. Larry King, der preisgekrönte Fernsehmoderator, ist ein hervorragendes Beispiel dafür, wie sich ein Leben durch Herzanfälle verändern kann. Zum ersten Mal kam er damit in Berührung, als sein Vater mit vierundvierzig Jahren an einem Herzinfarkt starb. King war damals erst neun Jahre alt. Seine Mutter musste

Endlich wieder Montag!

Montagmorgen ist die klassische Zeit für Herzanfälle. Studien belegen, dass die meisten Menschen am Montagmorgen zwischen acht und neun Uhr, also dem Beginn ihrer Arbeitswoche, einen Herzanfall erleiden. Wenn Sie einer Beschäftigung nachgehen, die Sie lieben, können Sie sich auch ehrlich auf den Montagmorgen freuen.

Sozialhilfe beantragen, und er konnte nach der High School nicht studieren, weil er sie unterstützen musste.

Vielleicht hatte ihn ja diese schmerzhafte Vergangenheit zu einem Meister der Verdrängung gemacht. Obwohl er täglich drei Packungen Zigaretten rauchte, hielt er sich für unsterblich. Doch dann interviewte er eines Tages den bekannten Chirurgen Dr. C. Everett Koop. Der fragte ihn, ob es ihm gut gehe. „Aber ja", erwiderte King. Daraufhin meinte Dr. Koop: „Nun, besonders gesund sehen Sie jedenfalls nicht aus." In der darauffolgenden Nacht erwachte King mit furchtbaren Schmerzen im rechten Arm und in der Schulter. Nachdem er eine Stunde lang in der Notaufnahme gewartet hatte, ließen die Schmerzen nach, und er wollte wieder nach Hause. Doch sein Chauffeur fuhr gerade um den Block, und ein Pfleger aus der Notaufnahme entdeckte ihn und brachte ihn zurück. Er wurde eingewiesen und musste sich einer dreifachen Bypass-Operation unterziehen. Noch am selben Tag hörte er auf zu rauchen.

Seither engagiert King sich ehrenamtlich für Herzkranke und gründete die *Larry King Cardiac Foundation*. Er schrieb zwei Bücher über das Leben mit Herzkrankheiten und hält regelmäßig Vorträge darüber, wie der Herzanfall und die Bypass-OP sein Leben verändert haben. Außerdem spendete er eine Million Dollar für sozial benachteiligte Studenten an die George Washington University's School of Media and Public Affairs.

Ein ausgeglichenes viertes Chakra

Niemand hat nur eine helle oder eine dunkle Seite. Wundersame Wandlungen können geschehen, wenn die Umstände unsere verborgene Seite zum Vorschein bringen. Solche Phasen können unglaublich heilsam wirken. Der Schmerz eines ganzen Lebens kann in einem einzigen Augenblick reiner Vergebung ausgelöscht werden. Bedingungslose Liebe, Vergebung und Hingabe – die Fähigkeit „loszulassen und Gott machen zu lassen" – sind die Charakteristika eines perfekt ausgeglichenen Herzchakras.

Wenn jemand aus unserer Mitte Mitgefühl und Vergebung walten lässt, auch wenn Zorn einfacher gewesen wäre, kommt das uns allen zugute. Der Fall der Amish-Eltern, die dem Mörder ihrer Tochter verziehen, ist hierfür ein perfektes Beispiel. Im Oktober 2006 stürmte der geistesgestörte Fahrer eines Milchwagens in das einzige Klassenzimmer der kleinen Schule von Nickel Mines, Pennsylvania, und schoss auf zehn junge Mädchen, von denen fünf starben. Die Öffentlichkeit beobachtete voll Staunen, wie die betroffenen Amish-Familien dem Mörder und seiner Familie vergaben. Einige der trauernden Hinterbliebenen gingen sogar zur Beerdigung des Mörders.

Ein Jahr nach diesem tragischen Ereignis spendete die Amish-Gemeinde Geld für die Witwe des Mörders und ihre drei kleinen Kinder. Das soll nicht etwa heißen, die Amish hätten nicht gelitten. Viele Angehörige der Opfer brauchten psychologischen Beistand, einige der Kinder leiden immer noch unter emotionalen Störungen, und die Jungen (die schulfrei hatten, als der Mörder die Mädchen erschoss) haben mit Schuldgefühlen und Alpträumen zu kämpfen, weil sie noch am Leben sind. Aber nichts von all dem konnte die Amish von ihrem Grundsatz abbringen, anderen zu vergeben und zu helfen.

Bedingungslose Liebe ist nur mit offenem Herzen möglich – so kann das Göttliche durch unsere Adern fließen. Immer wieder führen uns das Normalsterbliche vor.

Viele Menschen haben sehr viel Liebe in sich und empfinden in ihrem Leben viel Mitgefühl, nicht nur im persönlichen Bereich, sondern auch im öffentlichen und sogar auf globaler Ebene. Ein Beispiel für jemanden mit einem integrierten Herzchakra ist Montel Williams, der Moderator der *Montel-Williams-Show*, einer bundesweit ausgestrahlten Sendung, in der Familien wieder zusammengeführt werden, die aus unterschiedlichsten Gründen auseinandergerissen wurden – durch Drogen, Rassismus, Ehebruch etc. Williams ist ein Mensch, der keine Angst vor seinem Herzen hat, der zu tiefen Gefühlen fähig ist und diese auch zeigt. Er schloss die Gäste seiner Show alle in sein Herz und wählte die Themen aufgrund seiner eigenen Lebenserfahrung aus.

Williams, der im Ghetto von Baltimore geboren wurde, ist ein hochdekorierter Marineoffizier, beliebter Motivationstrainer, Verfasser zahlreicher Ratgeber und engagierter Menschenfreund. Die Marine hat ihm den Orden für *Superior Public Service*, die höchste Auszeichnung der amerikanischen Marine, verliehen, weil er sich während des siebzehnjährigen Bestehens seiner Fernsehsendung (die im Mai 2008 abgesetzt wurde) unermüdlich für die Belange der Seeleute, der Marineangehörigen und ihrer Familien engagiert hatte .

Als Williams' Multiple Sklerose 1999 entdeckt wurde, erfuhr er, dass er unheilbar krank war. Da wurde ihm klar, dass er die Wahl hatte: Entweder betrachtete er sich als Opfer einer schrecklichen Krankheit, oder er nutzte diese Krankheit dazu, die Lebensbedingungen von Millionen MS-Kranken nachhaltig zu verbessern. Er hörte auf sein Herz und ist heute Vorsitzender der *Montel Williams-MS-Stiftung*, die Behandlungsmethoden der Krankheit erforscht und versucht, für alle MS-Patienten geeignete Medikamente zugänglich zu machen. Außerdem wurde er zum öffentlichen Fürsprecher der Legalisierung von Marihuana zu medizinischen Zwecken, da dieses Mittel seine Schmerzen unwahrscheinlich gelindert hatte.

Wenn wir unser Herz und unser viertes Energiezentrum heilen wollen, brauchen wir Bewusstheit. Wir müssen uns die Zeit nehmen, die für die aktive Selbstheilung notwendig ist. Meditation und Tagebuchschreiben sind wichtig, wenn man diese Arbeit bewusst angehen will. Der mehrfache Goldmedaillengewinner Greg Louganis, einer der besten Taucher aller Zeiten, wurde 1988 bei seinem Training für die Olympischen Spiele in Seoul HIV-positiv getestet. Man riet ihm, seine Diagnose nicht öffentlich bekannt zu machen. Während des Wettkampfs stieß er mit dem Kopf gegen das Sprungbrett und sorgte sich die ganze Zeit, dass seine leichte Blutung eine Ansteckungsgefahr für andere sein könnte (was nicht zutraf). Sein Tagebuch half ihm dabei, diese schwierige Zeit zu überstehen.

Sein Kommentar zu den Einträgen lautete: „Das war wirklich lauter trauriges Zeug. Aber es war trotzdem wichtig, dass ich es mir von der Seele schrieb. In meiner Kindheit wurde mir klar, dass Menschen vor Kummer sterben konnten. Sie mussten sich nicht einmal umbringen, sie starben einfach vor lauter Traurigkeit. Genau mit solchen Gefühlen musste ich mich herumschlagen." Später halfen ihm auch Psychotherapie und Antidepressiva und schließlich die Veröffentlichung seiner Autobiographie *Breaking the Surface*, in der er von seiner HIV-Erkrankung berichtet und beschreibt, wie sein schwuler Lebenspartner ihn zu Hause missbrauchte und vergewaltigte (Louganis verlor daraufhin all seine Sponsoren, mit Ausnahme von Speedo). Er lernte, öffentlich und ehrlich über Themen wie Depression, Legasthenie und das Leben als HIV-Positiver zu sprechen, und konnte dadurch vielen anderen helfen.

Wenn Sie die folgende Checkliste mit den Fragen nach Ihrer persönlichen Bilanz auf Seite 101/101 kombinieren, erhalten Sie ein sehr klares und präzises Bild vom Zustand ihres Herzens.

Checkliste

Um den Zustand Ihres vierten Energiezentrums zu überprüfen, stellen Sie sich folgende Fragen:

1. Leide ich unter einer der auf Seite 96 aufgeführten Krankheiten?

2. Bin ich je von einem geliebten Menschen betrogen worden? Wie habe ich darauf reagiert?

3. Leide ich unter Herzproblemen oder einer Lungenkrankheit?

4. Habe ich Schmerzen in den Händen oder den Armen?

5. Haben mich meine Familie oder Freunde jemals zurückgewiesen? Wie ging ich mit meinem Schmerz darüber um?

6. Habe ich Angst vor der Liebe? Oder fällt es mir leicht zu geben und zu nehmen?

7. Wurde mir schon öfter gesagt, dass ich andere kritisiere und verurteile?

8. Habe ich mir und anderen alte Verletzungen verziehen, oder bin ich immer noch wütend?

9. Welche der folgenden Eigenschaften könnte ich noch weiterentwickeln – Menschenliebe, Liebe, Mitgefühl, Vergebung, Hoffnung, Vertrauen, Harmonie, Unterstützung?

Wahrheit heilt

Wir haben ein Recht darauf zu lieben und geliebt zu werden. Gesundheit und Vitalität sind die natürliche Folge eines ausgeglichenen Energiesystems. Bereichernde, ausgeglichene Beziehungen funktionieren nur, wenn Geben und Nehmen im Fluss sind. Wenn sie aus dem Gleichgewicht geraten, hören Sie auf Ihren Körper, auf Ihren Geist und Ihr Herz und probieren Sie aus, was am besten funktioniert. Tun Sie das, was Sie lieben, und Sie werden dafür belohnt. Seien Sie offen dafür, sich selbst und andere noch mehr zu lieben. Versuchen Sie, die starren Mauern aufzuweichen, die Sie um Ihr Herz errichtet haben. Arbeiten Sie sich zu den Ursprüngen Ihres Bewusstseins, wo Sie jede Hoffnung begraben haben, jemals tiefe Liebe zu erleben. Besonders gut kann sich ein verschlossenes Herz öffnen, wenn man sich um ein Tier verantwortungsvoll kümmert. Ein Hund, eine Katze, ein Pferd oder ein Vogel können uns helfen, ein vor langer Zeit gebrochenes Herz zu heilen, und uns lehren, wieder zu lieben. Haustiere lieben uns bedingungslos und zeigen uns, dass es völlig ungefährlich ist, sich wieder auf jemanden einzulassen.

Das fünfte Energiezentrum

KAPITEL FÜNF

Du sollst deine Wahrheit aussprechen

Mit sieben Jahren saß ich im Beichtstuhl unserer Kirche und wartete darauf, meine erste Beichte abzulegen. Ich fragte mich, ob Pater Fitzgerald wohl meine Stimme erkennen würde. Als frommes, gehorsames Kind war ich dem Priester gut bekannt. „Segne mich, Vater, denn ich habe gesündigt", fing ich an, so wie man es mir beigebracht hatte. „Dies ist meine erste Beichte." Wie aber sollte ich eine Todsünde beichten, wenn ich nicht einmal ihren Namen kannte? Wie konnte ich erklären, dass es mir nicht gelang, Mutter zum Lächeln zu bringen – egal, wie sehr ich mich anstrengte? Ich fing mit den einfachen „lässlichen" Sünden an: „Ich habe meinen Bruder gehänselt, ich habe den Hund weggejagt."

Pater Fitzgerald fragte mich: „Hast du deinen Eltern gehorcht?" Flüsternd antwortete ich, ich hätte es versucht, aber Mutter wäre immer böse auf mich, ganz egal wie gut ich mich benähme. „Wie kannst du es wagen, deine Eltern zu kritisieren!", donnerte es von der anderen Seite des Vorhangs. „Du hast das vierte Gebot verletzt: Du sollst deine Mutter und deinen Vater ehren!" Dann gab er mir die Buße von drei „Ave Marias" auf und schickte mich aus dem Beichtstuhl, wobei er mir noch leise nachzischte:

„Für ein so ungehorsames Mädchen wie dich werde ich mir noch eine besondere Buße ausdenken."

Ich verließ den Beichtstuhl zu Tode erschrocken. Mutter wartete auf mich, aber ich wagte es nicht, mit ihr über das, was gerade geschehen war, zu sprechen. Voller Schuldgefühle, weil ich so böse gewesen war, schlüpfte ich in die Kirchenbank, um meine Bußgebete zu sprechen.

Wir waren die perfekte Familie, frisch gewaschen, gebügelt und auf Hochglanz poliert. Nur leider war die ganze Geschichte eine Lüge. Der böse Daddy machte weiterhin regelmäßige Abstecher in mein Schlafzimmer. Als ich Jahre später meine Mutter mit dem Missbrauch konfrontierte, sagte sie: „In unserer Familie sprechen wir über solche Dinge nicht." Mutter trug ausschließlich Kleider der Haute-Couture-Marke *Verdränge & Heuchle*. DU DARFST DEINE WAHRHEIT NICHT AUSSPRECHEN stand in Großbuchstaben auf der Matte vor unserer Eingangstür.

Lügen zu leben, macht uns verrückt. Wir fühlen auf eine Weise, geben aber etwas anderes vor. Wir erleben etwas und tun so, als geschehe es nicht. Ich war Meisterin darin, diese Spaltung zu leben und meine Gefühle in mir zu verschließen. Mir war nicht bewusst, dass ich die Wahrheit verleugnete. Ich wusste nur, dass man mir verboten hatte, über das zu sprechen, was mich bedrückte und nahm daher an, dass ich das ‚Problem' war, wie alle Kinder es tun.

Meine Mutter duldete keine Wut. Wenn ich irgendetwas sagte, was ihr nicht passte, wusch sie meinen Mund mit Seife. Tränen waren nicht erlaubt; kein Schatten durfte auf das sorgfältig gezeichnete Bild unseres perfekten Lebens fallen.

Ich kann mich nicht daran erinnern, dass ich sie je um etwas bat, was ich mir wirklich wünschte, oder dass ich gezeigt hätte, wer ich bin. Ich hatte eine Riesenangst davor, meiner Mutter zu missfallen. Im Alter von fünf Jahren hatte ich gelernt zu spuren. Mutter bläute mir immer wieder ein, wer ich zu sein hätte und zwang mich mit ihrer tyrannischen Art dazu, die Wahrheit zu verleugnen. Es schien mir, als wäre ich dauernd gezwungen, meinen Mund zu verschließen, bis auf jene unaussprechlichen Momente, in denen mein Vater mich zwang, ihn zu öffnen. Die Lüge, die ich lebte, wurde die Lüge, die ich auch der Welt präsentierte.

Für meinen Vater beinhaltete die familiäre Kultur, die wir *Zuhause* nannten, dass meine Mutter ihn am Tisch beim Abendessen oft demütigte und lächerlich machte. Er ertrug es kleinlaut, wie ein guter Soldat. Sie kontrollierte, was er aß, was er trug und wie er jeden Cent ausgab, den er verdiente. Nur sehr selten, vielleicht einmal im Jahr, wenn mein Vater Mutters gnadenlose Schikanen nicht mehr ertragen konnte, bekam er einen Tobsuchtsanfall. Sein Gebrüll ging uns durch Mark und Bein. Ansonsten schluckte er seine Frustration hinunter und sprach seine Wahrheit nie aus – so wie er es bereits als Kind getan hatte.

Wenn ein Unrecht vertuscht wird, lernen wir, dass wir keine andere Möglichkeit haben, als unsere Stimme zum Schweigen zu bringen. Aber wohin geht die Wahrheit, wenn sie nicht ausgesprochen wird? Wir lügen vielleicht, um zu überleben, doch der Körper kann nicht lügen; er lügt nie. Die Lügen, an denen ich als Kind fast erstickte, drückten sich mit fünf und sechs Jahren in Form einer chronischen Angina aus, mit sieben als Zähneknirschen, mit neun als ein ‚unglücklicher Sturz' und zeigten sich mit zwölf, dreizehn als deformierte und verletzte Verdauungs- und Fortpflanzungsorgane. Später wurden die Lügen dann zu Promiskuität, manischer Depression, Alkohol- und Drogenmissbrauch, Herzrhythmusstörungen, Stoffwechselstörungen und Krebs. Wut und Trauer erstickten meinen Kehlkopf und erzeugten so viel Spannung, dass ich oft heftige Nackenschmerzen bekam. Mein Körper war ein sprichwörtlicher Ausdruck des Schmerzes geworden, über den ich nicht sprechen und den ich auch in keiner anderen Art und Weise ausdrücken konnte.

Ein Leben vortäuschen

Wenn wir zum Schweigen bringen, was falsch ist, bringen wir auch das zum Schweigen, was richtig ist. Bei mir brauchte es viel Zeit – und eine ernsthafte Krankheit –, bis ich anfing darüber zu sprechen, was ich erlebt hatte und schließlich auch die Wahrheit meines kreativen Selbstes auszudrücken. Ich hatte gelernt, der Welt meinen Willen aufzudrücken und mir von anderen Menschen ihren Willen aufdrücken zu lassen. Nie hätte ich mir träumen lassen, dass man auch mit dem Leben fließen konnte, indem man seine gottgegebenen Talente kreativ ausdrückte.

Meine wahre Stimme tauchte ab in den Untergrund, bis ich fünfzehn war und Cindy – meine rebellische Seite – auf den Plan trat. Dann brach plötzlich die Hölle los. Zu jener Zeit verkörperte Cindy die unterdrückte, pervertierte Wahrheit, die aus ihrer fest verschnürten Hülle ausbrach und sich durch Verführung zu befreien suchte. Aber dies war nicht die *ehrliche* Wahrheit; Cindy drückte nur meinen Schmerz aus. In manischen Phasen raste ich durch die Stadt, hatte zahllose Affären und verhielt mich immer anstößiger, während der Schmerz die einzige Sprache sprach, die ich kannte. Dieser Teil von mir hatte einen Mund und wollte schockieren. Weil ich in einem permanenten Schockzustand lebte, hatte ich keine andere Wahl. Wenn so viel Schmerz so lange unterdrückt wird, bricht er hervor mit einem Stachel und üblem Gestank. Was ich weder fühlen noch ausdrücken konnte – weder als Kind noch lange danach – war meine Verletzlichkeit. Das wahre Ich – die sanften, erschrockenen, neugierigen, sich-immer-noch-im-Entdecken-befindlichen, zweifelnden, unsicheren Teile von mir – war nirgendwo zu sehen.

Viele Jahre lang war meine Stimme ganz eindeutig erstickt. Nach außen hin präsentierte ich eine makellose Fassade, um jede Eigenschaft meines persönlichen Selbstes zu tarnen und zwang mich, glücklich zu erscheinen, auch wenn ich es nicht war. Ich tat so, als hätte ich keine Gefühle, obwohl ich sehr gefühlvoll war, und projizierte die ganze Zeit über ein Bild von Sicherheit und Perfektion.

Mit achtzehn hatte ich große Ambitionen und sagte meinen Eltern, ich wolle auf das Sarah Lawrence College gehen, um Kunst zu studieren. Das Schreiben, die Musik und der Tanz schienen mir die Schlüssel zu sein, um mein wahres Ich zu finden. Aber meine Mutter wollte nichts davon hören. Ich musste auf ein Jesuiten-college in der Nähe gehen, damit sie mich weiter kontrollieren konnte. Nach dem College fing ich sofort mit dem Jurastudium an. Am ersten Tag verzog ich mich im Hörsaal in die allerletzte Reihe, weil ich Angst hatte, dass jemand mich ansehen könnte.

Mit der Angst trug ich auch noch die Bürde von Scham und Verlegenheit. In einem Beruf, bei dem es dazugehört, vor Publikum zu sprechen, hatte ich genau davor eine Heidenangst. Als ich zum ersten Mal nach dem Studium einen Klienten im Gerichtssaal vertreten musste, ging ich zum Mittagessen mit einem Kollegen aus. Er bemerkte meine Nervosität und sagte: „Trink etwas, das entspannt dich!" Oh, wie recht er hatte! Sehr schnell gelangte ich über den Punkt der reinen Entspannung hinaus. Ich erhöhte meinen Alkohol- und Valiumkonsum, um meine Angst, als Betrügerin entlarvt zu werden, zu überwinden. Ich fälschte mein ganzes Leben und tat so, als wäre ich glücklich, obwohl ich mich in Wirklichkeit verängstigt, zornig, verletzt oder verzweifelt fühlte.

Bei der Arbeit setzte ich meine Verführungskünste ein, um über die Runden zu kommen. Als Anwältin war ich kompetent und erfolgreich. Während ich bei meinen Klienten immer strikt bei der Wahrheit blieb, erzählte ich allen nur Lügen über mich selbst. Ich lebte das Leben einer trinkfesten, dynamischen, sexuell befreiten jungen Frau. Ich stand für *Befreiung* in jedem Sinne des Worts, suchte mir eine Vielzahl von sexuellen Partnern, kümmerte mich um meine finanziellen Investitionen und baute mir langsam eine juristische Karriere auf, ohne an irgendwelche Grenzen zu stoßen. In jedem Meeting in einem Raum voller Männer war ich mit meiner Sexualität die Anführerin. Ich legte es an auf männliche Eroberungen, eine nach der anderen, aufgereiht wie Perlen auf einer Schnur. Das war der Teil von mir, der die Art von Anerkennung brauchte, die ich immer von Daddy bekommen hatte.

Aber das Paradoxe daran war, dass ich, obwohl ich das Sagen hatte – eine Frau, die wusste, was sie wollte und keine Angst hatte, es auch auszusprechen –, kaum weiter von der Wahrheit hätte entfernt sein können. Meine öffentliche Person verleugnete ein Mädchen, das verletzlich und verloren war und totale Angst hatte, entlarvt zu werden, sich als unwürdig zu erweisen oder zurückgewiesen zu werden. Ich trank oder nahm Drogen und praktizierte Extremsportarten. Ich gab mir jede Mühe, mein unzureichendes Selbst zu verstecken, zuerst vor mir und dann vor dem Rest der Welt.

Mein Trinken führte zu Ausfällen. Beim Aufwachen fand ich mich öfters im Bett eines Fremden wieder und wusste nicht, was geschehen oder wie ich dort hingekommen war. Für einen aktiven Alkoholiker ist die Wahrheit ein Gräuel. Die Wahrheit darüber, wie ich mich wirklich fühlte und wer ich wirklich war, kam erst dann langsam an die Oberfläche, als Eric meinen Namen und das Wort *Alkoholikerin* im selben Atemzug aussprach. Das war der Anfang vom Ende der Lügen.

Finde deine Stimme ... sag, was du willst

Wenn Sie daran gewöhnt sind, mit dem Strom zu fließen, um das Boot nicht zum Kentern zu bringen, und dabei nie sagen, was Sie wirklich wollen und wie Sie sich fühlen, ist es eine Herausforderung, die Wahrheit auszusprechen. Wenn Sie das nächste Mal jemand etwas fragt, halten Sie inne und fragen Sie sich: Was will ich wirklich? Wenn Sie ehrlich antworten, ehren Sie sich selbst und geben anderen die Erlaubnis, Sie ebenfalls wertzuschätzen.

Am nächsten Morgen ging ich zu meinem ersten Treffen der Anonymen Alkoholiker. Ich hatte mich todschick zurechtgemacht und trug ein Paar Cowboystiefel, die achtzehnhundert Dollar gekostet hatten. Was mir nicht klar war, war, dass die „Neulinge" bei ihrer ersten Versammlung oft so auftreten, als hätten sie ihr Leben total im Griff. Aber in Wirklichkeit herrscht unter der Oberfläche das absolute Chaos. Die Anonymen Alkoholiker beeindruckten mich sehr. Die Menschen dort waren so *schockierend ehrlich*. Sie sprachen die *wirkliche* Wahrheit und präsentierten sich in aller Öffentlichkeit, ohne sich zu verstellen. Ich hatte in meinem ganzen Leben noch nie die Wahrheit gesagt. *Noch nie.* Und je mehr ich trank, desto weniger Sorgen machte ich mir über die Lügen, die aus meinem Mund kamen. Ich brauchte Jahre, bis ich die Wahrheit sagen konnte. Es fiel mir leichter, das Rauchen aufzugeben als das Lügen.

Das fünfte Energiezentrum:
Das Kehlkopfchakra

Das fünfte Energiezentrum, das in der Kehle angesiedelt ist, wird vor allem mit dem kreativen Ausdruck in Verbindung gebracht. Sein Schlüsselthema heißt *die Wahrheit aussprechen* – ausdrücken, wer wir sind, was wir fühlen und woran wir glauben, entweder durch verbale oder durch nonverbale Kommunikation. Klang kommt durch die Kehle und ermöglicht es, uns Ausdruck zu verschaffen durch das gesprochene Wort und die Lieder, die wir singen. Die „Botschafter" des fünften Energiezentrums sind die *Stimme* und die *freie Wahl*. Wir bekunden, wie wir leben, was wir tragen, was wir essen und sogar, wie unsere Träume aussehen, indem wir allem eine Stimme geben. Die freie Wahl gibt unseren Wünschen eine Stimme und – im Gegenzug – spricht unsere Stimme unsere Wahl aus.

Das fünfte Chakra ist mit der Kehle, dem Nacken, den Schultern, dem Mund, dem Kinn und den Zähnen sowie mit der Kieferhöhle, den Stimmbändern, der Luftröhre und der Speiseröhre, den Halswirbeln und den Ohren verbunden. Die Schilddrüse, die Nebenschilddrüse und der Hypothalamus, die das autonome Nervensystem kontrollieren, sind ebenfalls hier angesiedelt.

Wenn dieser Bereich nicht im Gleichgewicht ist, können die folgenden Krankheiten auftauchen:

- Kiefergelenkserkrankung (TMJ)
- Geschwollene Drüsen in der Kehle, Kehlkopfkrebs
- Nackenprobleme
- Chronische Mandelentzündung bei Kindern
- Schilddrüsenüber- und -unterfunktion, Schilddrüsenentzündung, Schilddrüsenkrebs, die Grave'sche Krankheit und die Hashimoto-Krankheit

Wahrheit heilt

- Chronische Nasennebenhöhlenprobleme
- Alle Erkrankungen der Kehle, der Stimme, des Mundes, der Zähne oder des Zahnfleischs

Schilddrüsenerkrankungen erscheinen typischerweise oft nach einer körperlichen oder emotionalen Krise. Die wie ein Schmetterling geformte Schilddrüse, die vor der Luftröhre sitzt, reguliert den Stoffwechsel. Synthetische Schilddrüsenhormone – das erste Mittel, zu dem die allopathische Medizin bei Mangel an Schilddrüsenhormonen greift – gehören zu den drei am häufigsten verschriebenen Medikamenten in den Vereinigten Staaten. Aber diese „Notlösung" schafft es nicht, die tiefer liegende Ursache zu beseitigen. Wenn man die Unterdrückung der Frauen in unserer Kultur in Betracht zieht, ist es bestimmt kein Zufall, dass Erkrankungen der Schilddrüse bei Frauen im Vergleich zu Männern in einem Verhältnis von fünf zu eins vorkommen.

Die Kehle ist dafür geschaffen, sich selbst zu reinigen, indem sie überschüssige Energie durch Sprache oder Klang abgibt. Manchmal ist es wichtig, einen Zahn zuzulegen und zu schreien oder sogar zu brüllen, um dieses Zentrum zu reinigen. Das Kehlkopfchakra funktioniert als Regulator, es kontrolliert das, was wir herauslassen oder für uns behalten. Außerdem sitzt dort eine sehr subtile Führungsinstanz mit einer leisen inneren Stimme, die uns in jeder Situation leitet – wenn wir uns die Zeit nehmen, ihr zuzuhören. Aber leider können wir diese „leise kleine Stimme" abschalten, wenn wir uns in einem Konflikt zwischen unserem Kopf und unserem Herzen befinden. Es kann sein, dass wir uns weigern, unserer inneren Führung oder den Menschen in unserer Umgebung zuzuhören. Diese Dynamik unterbindet die gesunde Funktionsweise des Kehlkopfzentrums.

Wenn der Kehlkopfbereich gestört ist, können bestimmte Probleme auftauchen. Beispiele dafür sind die Unfähigkeit, effektiv zu kommunizieren, der Unwillen, unserer inneren Führung zu lauschen und entsprechend zu handeln sowie das Gefühl, aus dem eigenen Lebensrhythmus herausgefallen zu sein. Vielleicht haben wir Schwierigkeiten anzunehmen, was uns von anderen angeboten wird. Weitere Phänomene in diesem Zusammenhang sind die Tendenz, anderen die Schuld an dem zu geben, was wir erleben, oder der Drang, Dinge zu forcieren. Menschen, die in diesem Bereich nicht im Gleichgewicht sind, reden vielleicht zuviel oder sprechen in unangemessener Weise. Sie tratschen, stottern oder haben Probleme damit zu schweigen. Manchmal sind sie auch viel zu laut. Sie finden es schwierig, die richtigen Worte zu finden, oder sie haben Angst, überhaupt zu sprechen. Gelegentlich sind sie schweigsam, übermäßig schüchtern oder haben kein musikalisches Gehör.

In jeder Generation verlieren Frauen bei der Heirat immer wieder ihre Identität oder hören auf, ihre Wahrheit auszudrücken. Immer wieder haben Männer wie Frauen ihre Wahrheiten um der Karriere Willen verleugnet.

Wenn wir uns zum Beispiel das Leben von Rock Hudson anschauen, sehen wir, dass er bis kurz vor seinem Tod seine Homosexualität und die Tatsache, dass er an AIDS erkrankt war, verleugnete. Zu Beginn der fünfziger Jahre des letzten Jahrhunderts, als der große, schlanke, gutaussehende Hudson seine Karriere begann, war das Starsystem Hollywoods auf seinem Höhepunkt. Hudson war neben Doris Day der Star in den für die damalige Zeit typischen leichten Komödien. Der Hauptdarsteller – der Prototyp des charmanten und glamourösen Playboys – war tatsächlich Gefangener eines Systems, das ihm nicht erlaubte und auch nicht erlauben konnte, sein wahres Selbst zu leben. Als Hudson sich in Paris in Behandlung begab, bestätigten sich die Gerüchte, dass er AIDS hatte. Fotos zeigten den einst so vitalen Mann ausgemergelt; er war kaum noch wiederzuerkennen. Sein Tod im Jahr

1985 lenkte die Aufmerksamkeit der Welt auf das AIDS-Virus. Hudson gab AIDS ein Gesicht und half dabei, das einstige Tabuthema ans Licht zu bringen. Kurz vor seinem Tod, als die Wahrheit endlich herausgekommen war, sagte er: „Ich bin nicht glücklich darüber, dass ich krank bin. Ich bin nicht glücklich darüber, dass ich AIDS habe. Aber wenn es anderen hilft, weiß ich wenigstens, dass mein eigenes Unglück einen Sinn gehabt hat."

Seine Geschichte ist typisch, denn sie zeigt, welch hohen Preis wir zahlen, wenn wir unsere Wahrheit verdrängen, unsere Bedürfnisse verleugnen und nach den Vorstellungen anderer leben – ob real oder fiktiv. Letztlich kostet es uns unser Glück, unser Gefühl der Verbundenheit mit uns selbst, unsere Beziehungen mit denen, die wir lieben, unsere Gesundheit und manchmal sogar unser Leben.

Partner der Wahrheit sein

In den USA sind wir stolz auf unsere Meinungsfreiheit und kritisieren oft die Völker und Nationen, die eine freie Meinungsäußerung unterdrücken. Aber was passiert, wenn wir selbst unser Recht auf freie Meinungsäußerung beschneiden? Wenn wir unser eigener Tyrann und Gefängniswärter sind?

Kelly kam mit einem metastasierenden Schilddrüsenkrebs in meine Praxis. Sie hatte sich ein Jahr zuvor einer Operation unterzogen, um die Schilddrüse entfernen zu lassen, aber der Krebs war in den benachbarten Halswirbeln wieder aufgetaucht. Als ich tief in ihr Energiefeld hineinspürte, erkannte ich Störungen in ihrem fünften Chakra, die durch die Lügen verursacht worden waren, zu denen sie sich selbst zwang. Kelly hatte lange in einer lesbischen Partnerschaft gelebt, sich aber nicht „geoutet". In der Gesellschaft heterosexueller Kunden gab sie vor, ebenfalls heterosexuell zu sein. Obwohl sie und ihre Freundin talentierte

Landschaftsarchitektinnen waren, hatten sie bisher mit ihrer gemeinsamen Firma noch nicht viel Geld verdient. Das Leben war schwer, und Kelly hatte die Nase voll davon, arm zu sein. Ein erfolgreicher junger Anwalt engagierte sie, den Garten seines Anwesens zu gestalten. Als er sich in sie verliebte und ihr einen Heiratsantrag machte, nahm sie seinen Antrag an und verließ ihre lesbische Freundin. Kellys Entscheidung war eher ein Akt des Willens als eine Herzensentscheidung. Ihr neuer Ehemann war humorvoll, warmherzig und liebevoll, und sie redete sich selbst ein, dass ihre vorherige lesbische Beziehung nur eine Phase gewesen war.

Selbst als sie richtig krank wurde, war sie immer noch nicht bereit zur Ehrlichkeit. Sie schämte sich dafür, Frauen zu lieben und wollte nicht akzeptieren, dass dies ein authentischer Ausdruck ihrer selbst war. Obwohl ein Teil von ihr sich verzweifelt nach Liebe sehnte, bestand ein anderer darauf, die Fassade aufrechtzuerhalten. Daher blieb sie auch weiterhin krank. Wie ihre Mutter oft sagte: Kelly hatte das Gefühl, sie habe sich „ihr Bett selbst gemacht und müsse deshalb nun darin auch liegen".

Wir können nicht aufblühen, wenn wir uns selbst gegenüber nicht ehrlich sind. Beziehungen aufrechtzuerhalten, die uns nicht nähren, vermindert unsere Fähigkeit, uns emotional, körperlich und sogar finanziell zu entfalten. Obwohl sie hin und wieder Kontakt mit ihrer Ex-Freundin hatte, bestand Kelly darauf, dass sie mit ihrem Mann vollständig glücklich wäre. Sie tat ihre lesbische Episode als jugendliches Experiment ab. Als ich sie das letzte Mal sah, stand sie kurz vor einer zweiten Operation, aber ihre Ärzte hatten nicht viel Hoffnung auf Erfolg.

Wenn wir durch Angst gelähmt sind – voller Angst vor den Konsequenzen, die die Enthüllung der Wahrheit vielleicht nach sich ziehen wird –, bedarf es ungeheurer Anstrengung, um die Lüge aufrechtzuerhalten. Wir beschützen und nähren sie und ignorieren den Preis, den unsere persönliche Integrität dafür zahlen muss. Uns mit der Wahrheit zu konfrontieren erlaubt uns, das Leben zu leben, welches für uns bestimmt ist.

Frei von der Leber weg sprechen

Keine Beziehung ist leicht. An guten Beziehungen muss man arbeiten, und man muss gewillt sein, die Wahrheit auszusprechen. Jim, ein Mann in den frühen Fünfzigern, kam anfangs in der Hoffnung zu mir, sich eine Operation wegen einer schweren Erkrankung des Kiefergelenks zu ersparen. Diese Krankheit zeichnet sich normalerweise durch starke Schmerzen im Kiefer und dem angrenzenden Gewebe aus. Meine erste Beobachtung überraschte mich selbst: Ich sah sofort, dass sein Kiefer durch die Beziehung zu seiner Frau angegriffen wurde. Er vertraute mir auch gleich an, dass seine übersensible Frau ihn nicht verstünde. Obwohl er zugab, dass er die Tendenz hatte, „ins Fettnäpfchen zu treten" und die falschen Dinge zu sagen, glaubte er ganz fest daran, dass sie ihn nicht verstand. Er zweifelte sogar an ihrer Liebe. Aus der Sicht seiner Frau hingegen war Jim in seiner Kommunikation äußerst nachlässig und unfähig, Liebe zu geben oder zu nehmen. In letzter Zeit war sie deswegen immer wütender geworden, aber Jim gab allein „dem verdammten Handy" die Schuld. Da er sein Handy nicht immer bei sich trug, konnte seine Frau ihn oft nicht erreichen. Jim hasste das Gefühl, „an der Leine zu hängen", aber sie bestand darauf, ihn erreichen zu können, wenn sie ihn brauchte. Dieses Thema führte oft zu heftigem Streit.

Während wir anfingen, tiefer in das Thema Kontrolle vorzudringen, vertraute Jim mir an, dass sein Vater sich über ihn lustig gemacht hatte, als er ihm seinen Lebenstraum verriet, Musik zu studieren. Auf der High School war Jim Sänger in einer Garagenband gewesen und hatte sogar die Aufnahmeprüfung für das

Konservatorium bestanden. Aber sein Vater vertrat die feste Überzeugung, dass seine Laufbahn als Musiker lediglich als Alleinunterhalter im Altersheim enden würde. Jims Vater hatte bei General Motors angefangen und es inzwischen bis in die Managementebene gebracht. Er verdiente gutes Geld und wünschte sich dasselbe für seinen Sohn. Als Jims High School-Freundin schwanger wurde, sah er sein Schicksal als besiegelt an. Unfähig, eine andere Alternative in Betracht zu ziehen, heiratete er das Mädchen und fing wie sein Vater bei GM an. Schließlich übertraf er diesen noch und arbeitete sich bis in die Chefetage hoch.

Als ihr kleiner Sohn anfing, wirkliches musikalisches Talent zu zeigen, bekamen Jim und seine Frau ernsthafte Probleme. Seine Frau unterstützte die Ambitionen ihres Sohns und bestand darauf, dass Jim ihn zu seiner wöchentlichen Gesangsstunde fahren sollte. Aber Jim war oft nicht erreichbar oder hatte keine Lust dazu, wenn er in der Nähe war. Oft erschien er viel zu spät oder meldete sich gar nicht bei seiner Frau, was es für sie noch schwieriger machte, sich auf ihn zu verlassen.

Zu Beginn von Jims Behandlung reinigten wir sein fünftes Energiezentrum durch verschiedene Techniken, die mit Klang zusammenhingen. Dann empfahl ich ihm, gemeinsam mit seinem Sohn Gesangsstunden zu nehmen, damit seine Kehle offen und lebendig blieb. Zuerst fand er meinen Vorschlag absurd, aber nach und nach erwärmte er sich dafür. Er erkannte, dass das nicht nur seine Beziehung zu seinem Sohn verbessern würde, sondern auch ihm selbst ein Ventil für seine unterdrückten musikalischen Interessen gäbe. Außerdem schlug ich ihm vor, er solle seine Wahrheit in einem Tagebuch niederschreiben und sich mit seiner Frau direkter aussprechen. „Ich kann ihr ja wohl kaum sagen, dass ich Lust hätte, mit ein paar meiner Kollegen eine Garagenband zu gründen, oder?", fragte er mich. Aber dann versuchte er es doch und kam in der darauffolgenden Woche voller

Begeisterung über das Resultat wieder. Seine Frau war einverstanden, wenn es ihn wirklich glücklich machte!

Durch unsere Zusammenarbeit öffnete sich Jims fünftes Chakra und kam mehr ins Gleichgewicht. Er fing an zu erkennen, dass er seine tiefsten Wahrheiten vor sich selbst und seiner Frau verborgen hatte. Anstatt mit dem Fluss des natürlichen Lebensrhythmus' zu gehen, hatte er seiner Familie seinen Willen aufgezwungen. Er und seine Frau begannen mit einer Paartherapie zur Verbesserung ihrer Kommunikation. Nachdem er die neuen Strategien etwa ein Jahr lang angewandt hatte, bestätigte Jims Arzt ihm, dass seine schmerzhafte Kiefererkrankung sich so weit verbessert hatte, dass eine Operation nicht mehr nötig war.

Ein ausgeglichenes fünftes Chakra

Aus dem energetischen Blickwinkel gesehen ist die Kehle das Kraftzentrum, das uns erlaubt, unserer Wahrheit gemäß zu handeln. Wenn dieses Zentrum ausgeglichen und gesund ist, leben wir unsere Träume, unsere Visionen, unsere Bestimmung, unsere Integrität, unsere Liebe für das, was wir sind und unsere Talente.

Eine klare, klangvolle Stimme, eine mühelose Kommunikation und kreative Sprachgewandtheit zeigen an, dass das fünfte Energiezentrum im Gleichgewicht ist. Eines der inspirierendsten Beispiele für einen Menschen mit einem gut integrierten fünften Chakra ist vielleicht Dr. Martin Luther King Jr., der seine Stimme dafür einsetzte, die Welt zu verändern. King, Baptistenprediger und politischer Aktivist, führte die amerikanische Bürgerrechtsbewegung an und benutzte die geballte Kraft seiner Rede, Unterstützung für die Bürgerrechte zu gewinnen – und das in einer Zeit, in der viele Angst hatten, ihre Stimme zu erheben. Für seine Arbeit wurde er mit dem Friedensnobelpreis geehrt, bevor er 1968 ermordet wurde. Selbst jetzt noch, wenn wir seine berühmte

Rede *Ich habe einen Traum* hören, klingt seine Stimme tief in uns nach.

Ein weiteres Beispiel für jemanden mit einem gesunden, ausgeglichenen fünften Energiezentrum ist die Schauspielerin und Umweltaktivistin Jane Fonda; eine starke, offene Frau, die sich früher selbst zum Schweigen verdammte und zuließ, dass ihre Stimme durch die Männer in ihrem Leben unterdrückt wurde. Fonda, jetzt in ihren Siebzigern, wurde zu einer Frau, die voller Stolz freimütig sagt, was sie denkt. In ihrer Autobiographie *My Life So Far* beschreibt Fonda ihren Ausstieg aus der Ehe mit Ted Turner als eine „Scheidung vom Patriarchat". „Die Trennung stand symbolisch dafür, *dass ich das Haus meines Vaters verließ*." Die patriarchalischen, repressiven Muster, die Frauen in der Familie den Platz hinter den Männern zuweist, waren für sie nicht mehr praktikabel.

Ein weiterer Prominenter mit einem gesunden fünften Energiezentrum ist der Schauspieler, Filmemacher und Umweltaktivist Robert Redford, der Gründer des *Sundance Film Festivals* in Park City, Utah. Er hielt Vorträge über alternative Energiequellen und verbreitete seine Botschaft durch eine Kampagne mit dem Titel „Befreit euch von der Sucht nach Öl". Darin forderte er das amerikanische Volk auf, von den Politikern authentisches Handeln zu verlangen. Redford scheint sehr genau zu wissen, wer er ist und nimmt sich die Freiheit, mit seinen Anliegen auch nach außen zu gehen. Seine Fähigkeit, Visionen zu realisieren, zeigt sich durch das Sundance Film Festival, welches unabhängigen Filmemachern eine Stimme verleiht. *Sprecht eure Wahrheit aus und schafft dafür Plattformen im ganzen Land* scheint Redfords Mantra zu sein – ein gutes Beispiel für uns alle.

Seine Wahrheit auszusprechen ist auch ein Weg, um über Schmerz hinwegzukommen. Katie Couric nahm sich eines Tabuthemas an, nämlich Darmkrebs, und brachte es nach dem Tod ihres Mannes im Jahr 1998 in fast alle Talkshows. Als Co-Moderatorin der NBC Nachrichtensendung *Today*, Chefcutterin und erste weibliche Studioredakteurin der CBS *Evening News* (eine der drei großen wöchentlichen Nachrichtensendungen am Abend) berichtete Couric auf nationaler und internationaler Ebene über die aktuellsten Ereignisse. Trotzdem nahm sie sich Zeit und Raum für ihren sehr persönlichen Schmerz über den Verlust ihres Mannes und ging sogar so weit, im Jahr 2000 ihre Darmspiegelung im Fernsehen übertragen zu lassen. Das führte wiederum zu einem 20-prozentigen Anstieg der Darmspiegelungen im ganzen Land und wurde daher der „Couric-Effekt" genannt.

Couric hat im März 2000 für ihre Serie „Darmkrebs bekämpfen" in den NBC News zahllose Preise gewonnen, einschließlich des prestigeträchtigen *Peabody Price*. Außerdem gründete sie die *National Colorectal Cancer Research Alliance*, das Bündnis zur landesweiten Darmkrebsforschung, um Gelder für weitere medizinische Forschungen zu sammeln. Darüber hinaus engagierte sie sich für Aufklärungsprogramme zur Verhinderung und Früherkennung dieser Krankheit – der Krebsart mit der zweithöchsten Todesrate

Es gibt einen besseren Weg

Wenn Sie versuchen, allein durch Willenskraft etwas zu bewegen, und nichts passiert, können Sie sicher sein, dass Sie auf der falschen Spur sind. Wenn etwas nicht funktioniert, bedeutet es für gewöhnlich, dass es auf diese Art und Weise nicht funktionieren soll. Schauen Sie sich um ... aller Wahrscheinlichkeit nach gibt es einen besseren Weg.

in den Vereinigten Staaten. Als Gastgeberin äußerst erfolgreicher Benefizveranstaltungen sammelte sie insgesamt 30 Millionen Dollar zur Bekämpfung von Magen- und Darmkrebs.

Sich dem göttlichen Plan hingeben

Das fünfte Chakra ist die Verbindung zwischen dem Herzbereich, der traditionell weibliche Werte verkörpert, und dem Kopf, dem traditionell männlichen Eigenschaften zugeordnet sind. Als Entscheidungszentrum ist das fünfte Chakra auch die Brücke zwischen den inneren und äußeren Welten eines Menschen sowie der Sitz höherer Energien und reiner Kreativität.

Ein gesundes, ausgeglichenes fünftes Energiezentrum ist eins mit dem Konzept des göttlichen Willens. Der göttliche Wille ist eine mächtige und kraftvolle spirituelle Energie aus höheren Dimensionen, die neues Bewusstsein wecken kann, zu tiefen Einsichten führt und unseren persönlichen Willen stärkt. Dieser Wille stimmt unsere persönlichen Intentionen mit der Seele ab, damit wir unsere Ziele erreichen und unserer Bestimmung gerecht werden können. Menschen mit gestörten, schlecht arbeitenden Chakren tendieren dazu, gegen den Strom zu schwimmen und zu versuchen, einen Handel mit dem Universum abzuschließen, damit sich die Dinge nach ihren Vorstellungen entwickeln. Das haben viele von uns schon auf die eine oder andere Art und Weise versucht. Haben wir nicht alle schon einmal die kleine Stimme in uns ignoriert, die sich durch ein Raunen Gehör verschaffen will?

Während der Zeit, die von Alkoholmissbrauch und Promiskuität, Heuchelei, Verdrängung und Krankheit bestimmt wurde, hörte ich diese kleine Stimme immer kurz vor dem Schlafengehen oder beim Aufwachen. Ich hörte, wie sie tief aus meinem Inneren zu mir sprach, und ich antwortete ihr stumm: *Eines Tages werde ich frei sein.* Auf diese Weise gelang es mir als Kind, Schlaf zu finden. Ich tröstete mich ohne einen Kuss oder die liebevolle Umarmung meiner Mutter.

Der lange Prozess des Aufdeckens der Wahrheit dauerte bei mir über zwanzig Jahre und forderte viel innere Arbeit. Aber jetzt verfüge ich über ein Selbst, das ich ganz genau kenne und vor dem ich mich nie mehr verstecken will. Die Wahrheit herauszufinden, ist ein täglicher Prozess, bei dem es darum geht, dieses Selbst zu treffen. Ich überprüfe, wie es mir geht und spreche mit mir selbst. Ich sorge dafür, dass ich meine Wahrheit auf natürliche und authentische Art und Weise zum Ausdruck bringe. Das ist eine Art herauszufinden, ob Sie in Harmonie mit dem göttlichen Willen sind.

Manchmal berichten mir meine Klienten von ihrer Überzeugung, loszulassen, was man nicht kontrollieren könne, sei ein Zugeständnis des Scheiterns. Aber für viele ist es genau das Gegenteil. Sich einer höheren Macht hinzugeben oder wenigstens dem Konzept zu folgen, dass es eine Macht im Universum gibt, die größer ist als wir, schenkt bereits sehr viel Kraft. Wenn wir loslassen und unser Bedürfnis aufgeben, dass nur „unser Wille geschehe", wenn wir erlauben, dass andere Optionen und Möglichkeiten erscheinen, öffnen wir uns dafür, Erfolg anzuziehen und zu erreichen.

Der Schlüssel besteht in einem Gleichgewicht zwischen dem Aussprechen unserer Wünsche, unserem Handeln und dem Zulassen von dem, was geschehen soll. Hören Sie auf, immer Druck auszuüben ... entspannen Sie sich ... lassen Sie die Dinge zu ... geben Sie sich hin.

Stellen Sie sich folgende Fragen:

- Neige ich dazu, die Führung an mich zu reißen und alles zu dirigieren?

- Was ist die zugrunde liegende Angst?

- Was würde in diesem speziellen Fall passieren, wenn ich mich einfach nur entspannte und losließe?

Diese Fragen ganz ehrlich und ungeschminkt zu beantworten, kann Teil unserer Heilung sein. *Hingabe* ist nicht einfach nur ein Wort oder ein Gedanke, es ist ein Seinszustand. Wenn Sie dazu neigen, sich selbst und die Menschen, die Sie umgeben, übermäßig zu kontrollieren, sollte dies Ihr neues Mantra sein: „Ich entscheide mich dafür, mich den Mächten des Universums hinsichtlich des Verlaufs meines Lebens, meiner Gesundheit, meiner Beziehungen, meiner Finanzen und all der anderen Kleinigkeiten hinzugeben." Danach werden Sie sich viel entspannter und nicht mehr so allein fühlen.

Die klassischen Schritte auf dem Weg der Hingabe sind folgende:

- Urteilen Sie nicht.

- Erwarten Sie nichts.

- Geben Sie das Bedürfnis auf, den Grund erfahren zu wollen.

- Vertrauen Sie darauf, dass unvorhergesehene Ereignisse auch eine Art Führung sind.

Die Anonymen Alkoholiker und alle Organisationen, die sich von ihnen ableiten, haben dafür ihr eigenes Mantra, das sie den Gelassenheitsspruch nennen: „Lieber Gott, gib mir die Gelassenheit,

Wahrheit heilt

Dinge hinzunehmen, die ich nicht ändern kann, den Mut, Dinge zu verändern, die ich ändern kann und die Weisheit, das eine vom anderen zu unterscheiden."

Checkliste

Wenn Sie wissen wollen, ob sich Ihr Kehlkopfchakra im Gleichgewicht befindet, sollten Sie sich die folgenden Fragen stellen:

1. Leide ich an einer der auf Seite 124/125 aufgeführten Krankheiten?

2. Bin ich chronisch heiser?

3. Habe ich wiederholt Halsschmerzen oder Probleme mit den Nasennebenhöhlen?

4. Habe ich oft Schmerzen in der Halswirbelsäule oder meinen Schultern?

5. Rede ich zuviel oder zu laut, stottere ich oder habe ich Angst zu reden? Bin ich unmusikalisch?

6. Bin ich schüchtern?

7. Bin ich gewillt zu sagen, was ich denke, oder zensiere ich mich dauernd?

8. Lebe ich kreativ, mit einem guten Gefühl für Timing und Rhythmus?

9. Bin ich mir selbst gegenüber ehrlich und übernehme die Verantwortung für meine persönlichen Bedürfnisse?

10. Bin ich in der Lage, meiner inneren Führung zuzuhören und ihren Weisungen gemäß zu handeln?

Selbstausdruck

Es ist wichtig, folgendes zu erwähnen: Die Wahrheit auszusprechen bedeutet, eine persönliche Wahrheit auszusprechen, die für jeden von uns anders ist. Waren Sie je in einem Meeting oder bei einem Vortrag, haben den Worten eines Sprechers gelauscht und später Ihre Notizen mit jemand anderem ausgetauscht? Sehr wahrscheinlich hatten sie alle eine andere Vorstellung vom jeweiligen Thema. Wir alle filtern Worte und Gedanken, die zu uns kommen, durch unsere persönliche Wahrnehmung und hören daher verschiedene „Wahrheiten".

Ein Liberaler, der sich eine konservative Talkshow anhört, denkt vielleicht *„Was für ein Haufen Lügen!"* Der Konservative, der einem liberalen Politiker zuhört, denkt ziemlich sicher dasselbe. Wo ist dann die Wahrheit? Diese persönliche Befangenheit existiert in Bezug auf alles, was wir sehen, schmecken, riechen und fühlen. Ich liebe Blaubeeren, Sie mögen sie vielleicht gar nicht. Wenn ich sage, dass Blaubeeren köstlich sind, stimmt das dann auch für Sie? Das, was ich als Hass und Ablehnung von meiner Mutter erfahren habe, hat sie unzweifelhaft ganz anders erlebt. Das heißt, alles, was wir tun können, ist, unsere Wahrheit auszusprechen – unsere eigenen ehrlichen Gefühle und Reaktionen auf unsere körperlichen, mentalen, emotionalen und spirituellen Erlebnisse.

Wenn Sie Probleme mit Ihrem Selbstausdruck haben, sind Sie damit nicht allein. Wir alle haben unsere Ausdrucksfähigkeit in mehr oder minder hohem Maße unterdrückt. Viele von uns wissen nicht einmal, wer sie wirklich sind. Wenn Sie immer noch dabei sind zu lernen, Ihre Wahrheit auszusprechen, sollten Sie sie aufschreiben. Das ist ein sehr kraftvolles Mittel, die Entdeckung Ihrer selbst voranzutreiben. Damit sind auch keine großen Aufgaben verbunden – suchen Sie sich einfach einen gemütlichen

Wahrheit heilt

Stuhl aus, holen Sie sich einen Stift, einen Schreibblock (oder Ihr Laptop) und fangen Sie an zu schreiben.

Seien Sie in Ihren Aufzeichnungen vollkommen ehrlich. Sagen Sie es so, wie es ist. Wenn Sie wütend sind, seien Sie wütend. Schreiben Sie es unzensiert auf. Seien Sie der, der Sie sind. Vielleicht wirkten Sie in einem Meeting wie aus dem Ei gepellt und vermittelten den Eindruck, alles unter Kontrolle zu haben. Aber innerlich haben Sie sich wie ein verängstigtes Kind gefühlt. Schreiben Sie darüber. Vielleicht treffen Sie die Familie Ihrer Frau, die Ihnen das Gefühl gibt, dumm und minderwertig zu sein. Schreiben Sie darüber. Schreiben Sie, schreiben Sie und vor allem schreiben Sie die Wahrheit.

Das Wichtigste dabei ist, authentisch zu sein. Wenn Sie sich vertrauen können, wenn Sie in Ihrem Tagebuch ehrlich zu sich selbst sind, können Sie sich auch vertrauen, in der Welt ehrlich zu sein. Beobachten Sie einfach, wie sich Ihr ganzer Körper entspannt, wenn Sie Ihre Wahrheit aussprechen. Sie geben sich selbst die Erlaubnis, Sie selbst zu sein – das auszusprechen, was Sie denken, und ihrer Wahrheit eine Stimme zu geben.

Wenn nicht jetzt, wann dann?

Das sechste Energiezentrum

KAPITEL SECHS

Wem dient die Lüge?

Sobald ich nüchtern wurde, begannen die Flashbacks. Und es waren keineswegs die freundlichen, weichgezeichneten Bilderbucherinnerungen, die ich immer so liebevoll festgehalten hatte. Als junges Mädchen fragte ich regelmäßig bei Cindy nach; sie brachte mich immer auf den neuesten Stand. All die köstlichen und doch entwürdigenden, beschämenden Dinge, die Daddy getan hatte, tat er Cindy an, nicht mir. Als in meinen Flashbacks immer mehr gewalttätige und perverse Szenen auftauchten, dämmerte mir, dass Cindy ihre Berichte zensiert hatte – und zwar mit gutem Grund. Diese Zensur wurde jetzt nach und nach aufgehoben, weil ich immer mehr bereit war, der Wahrheit ins Auge zu sehen.

Nur um das klarzustellen: Cindy war promiskuitiv, nicht ich. Es war eine traurige Tatsache, dass Cindy und ich uns die Anerkennung so verschafft hatten, wie Daddy es uns gelehrt hatte – die einzige Art, die wir kannten. Als ich auf die lange Reihe meiner männlichen Eroberungen zurückblickte, wurde mir klar, dass ich sie alle dazu benutzt hatte, mein labiles Selbstwertgefühl zu stärken. Diese Erkenntnis brachte mich dazu, meine Haltung gegenüber Männern zu überdenken. Nach und nach warf ich meine

*verführerischen Kleider weg, ließ mein langes Haar abschneiden
und machte in meinem Leben klar Schiff.*

*Seither kann ich mich in Gesellschaft von Männern endlich
entspannen und ich selbst sein. Ich muss ihre Phantasien nicht
mehr ausleben und mir auch keinen weiteren Skalp an den Gürtel
hängen. Und was ist mit den Blowjobs? Nein, danke. Damit habe
ich damals im Büro aufgehört.*

Wir alle kennen den weisen Spruch: „Wenn der Schüler bereit
ist, erscheint der Lehrer." Ich würde ergänzend hinzufügen, dass
dann auch die einzelnen Teile unserer Lebensgeschichte – die
Episoden, die wir vergessen oder verdrängt haben – in unserem
Bewusstsein auftauchen. Diese Teile unserer Geschichte sind
unsere „Lehrer", sie geleiten uns zur Wahrheit. Manchmal kommen sie als Träume, als Eingebung oder überraschende Einsicht,
manchmal auch in Form von Krankheiten – sie können sich ganz
sanft bemerkbar machen oder lebensbedrohlich wirken. Wie sie
auch aussehen mögen, diese verloren gegangenen Teile tauchen
aus den Tiefen unseres Unterbewusstseins auf, um uns wachzu-
rütteln und uns wieder vollständig zu machen.

Bei einem Zeltausflug in die Berge östlich von Lake Tahoe
lernte ich, dieser inneren Führung zu vertrauen. Mein Mann wollte
einen Tag später nachkommen. Auf dem Weg zum Zeltplatz
machte ich bei einem kleinen Tante-Emma-Laden Halt, in dem
Kräuter und frische Säfte verkauft wurden. Hinter dem Tresen
stand eine Frau um die sechzig. Sie sah aus wie eine moderne
Schamanin. Da ich Hilfe für meine gesundheitlichen Probleme
suchte, fragte ich sie: „Können Sie auch heilen?"

Sie schaute ein wenig verblüfft – normalerweise hängte sie das nicht an die große Glocke – und fragte mich, woher ich das wusste.

„Ach, ich hatte nur so ein Gefühl", erwiderte ich.

Daraufhin lud sie mich zu sich nach Hause ein.

Als ich zu ihr kam, nahm sie zwei lange Stöcke, die ein „V" bildeten wie eine Wünschelrute, und zeigte mit diesem merkwürdigen Gerät auf mich. *Na, das ist ja schon ein bisschen komisch,* dachte ich bei mir. *So eine Behandlungstechnik habe ich noch nie gesehen.* Doch weil mich mein Weg aus meinen wilden Zwanzigern in die nüchternen Dreißiger zu vielen Heilern geführt hatte, war ich bereit, solchen Prozessen zu vertrauen. Nun sollte ich mich auf einen Massagetisch legen. Die Frau ging um mich herum und bewegte dabei ihre Hände über meinem Körper. Schließlich sagte sie, ich solle achtsam sein und in den nächsten Tagen besonders behutsam mit mir umgehen.

Abends fuhr ich zurück zum Zeltplatz, kuschelte mich in meinem Zelt in den Schlafsack und schlief ein. Mitten in der Nacht wachte ich plötzlich auf. Verblüfft sah ich mich um: Es waren zwei *Ichs* in meinem Zelt! Das andere Ich, das ich sofort als Cindy erkannte, fragte mich: „Möchtest du sehen, was in der Schachtel ist?"

Ich wunderte mich nicht, dass irgendwo eine Schachtel voller Geheimnisse versteckt gewesen war, und erwiderte: „Ja, ich würde liebend gern sehen, was in der Schachtel ist."

Cindy zeigte es mir, und ich schlief wieder ein.

Als Eric am nächsten Morgen ankam, erzählte ich ihm von diesem Erlebnis. Er fragte: „Und – hast du in die Schachtel reingeschaut?"

Ich erwiderte: „Ja."

„Was hast du gesehen?"

„Es ging die ganze Zeit um sexuellen Missbrauch."

„Glaubst du, dass du sexuell missbraucht wurdest?"

„Ich weiß es nicht", log ich.

Ich hatte niemandem von dem Missbrauch erzählt, nicht einmal dem Psychiater, bei dem ich mit fünfzehn in Behandlung war. Eric an diesem Morgen von dem Erlebnis mit Cindy und der Schachtel zu erzählen, war schon ein Riesenschritt für mich; der Würgegriff, mit dem ich die Wahrheit in Schach hielt, lockerte sich. Doch ich war noch nicht bereit, all die gewalttätigen Bilder und Erinnerungen hervorzuholen. Ich schämte mich immer noch viel zu sehr, um irgendjemandem davon zu erzählen, noch nicht einmal meinem Mann. Es sollte noch lange dauern, bis ich bereit war, diese schrecklichen Erlebnisse anzusehen und sie mit anderen zu teilen. Heute weiß ich, dass es ein wichtiger Schritt für die Heilung sein kann, einfach nur *davon zu erzählen*.

Die Schachtel war ein Zeichen für die innere Bereitschaft, meine abgespaltenen Teile kennenzulernen – die Teile, die ich sorgfältig in Cindys Bewusstsein verschlossen gehalten hatte. Die Schachtel war wie ein Mediator, der die aufsässigen Mitglieder meiner inneren Familie miteinander ins Gespräch bringen konnte. Mein „erwachsenes Ich" verstand mein ungezügeltes Verhalten nicht, und die Schachtel war ein Trick meines Unterbewusstseins, um meine Aufmerksamkeit zu erregen. Es war eine Einladung, tief *in mein Inneres zu schauen*. Ich liebe gute Krimis und war in den folgenden Jahren damit beschäftigt, ein verzwicktes persönliches Whodunit zu lösen, indem ich Schritt für Schritt verdrängte Erinnerungen in mein Bewusstsein zurückholte.

Intuitive Fähigkeiten sind eher ein erlernbares Handwerk als eine Gabe, die nur wenigen Auserwählten zur Verfügung steht. Wir alle haben angeborene intuitive Fähigkeiten; inwieweit sie sich entwickeln können, hängt von vielerlei Faktoren ab. Meine schwierige Kindheit schärfte mein Nervensystem so sehr, dass diese Fähigkeiten bei mir sehr stark ausgeprägt waren. Um zu überleben, lernte ich, zwischen den Zeilen zu lesen. Diese Fertigkeit wurde immer ausgefeilter, bis ich auch die feinsten Signale wahrnehmen konnte – die Blicke, Gesten und Gefühlsnuancen von Menschen, die ihre grauenhaften Erlebnisse nicht direkt anschauen, geschweige denn darüber reden können. Ich beherrschte die Kunst, mich tief in Menschen einzufühlen, ihre verborgensten Antriebe, schlimmsten Befürchtungen und schrecklichsten Dämonen zu erspüren. Ich machte ihnen den Teil ihrer selbst zugänglich, den sie unbedingt besser kennenlernen wollten, mit dem sie jedoch noch nicht vertraut waren. Dieser Teil muss manchmal ins Bewusstsein geholt werden, damit Heilung geschehen kann.

Meine Intuition half mir auch im Berufsleben. In meiner Anfangszeit als Anwältin und Planerin von Hotelprojekten machten Kollegen oft Bemerkungen über meine unheimliche Gabe, alles über angehende Geschäftspartner und ihre persönlichen Vorlieben herauszufinden. Verunsichert und neugierig zugleich zogen sie mich damit auf, dass ich „eine richtige Hellseherin" sei. Oft fragten sie mich, wie ein laufender Fall oder ein Geschäftsabschluss ausgehen würde. Fast immer konnte ich es mit geradezu unheimlicher Genauigkeit voraussagen. Doch ich konnte diese instinktive Technik nicht auf mich selbst anwenden. Wenn ich krank wurde, wusste ich oft intuitiv, was die Ursache dafür war, tat diesen Gedanken jedoch als absurd ab. Ich hatte einen riesigen Teil von mir weggeschlossen, der die ganze Zeit über einen inneren Gong schlug, um mich aufzuwecken.

Das sechste Energiezentrum:
Das Stirnchakra oder
Chakra des dritten Auges

Das sechste Chakra ist die Quelle der Intuition. Es wird auch Stirnzentrum oder „drittes Auge" genannt und liegt genau zwischen den Augenbrauen. Wenn sich das dritte Auge zu öffnen beginnt, treten geheimnisvolle Synchronizitäten auf, und wir können auf einmal Zusammenhänge sehen und erspüren, die wir vorher als Zufälle abgetan hätten. Wenn dieses Zentrum aktiviert ist, werden unser Blick, unser Fühlen und unser Gehör geschärft, und wir wachsen über die Grenzen unserer normalen fünf Sinne hinaus.

Ein erwachtes sechstes Chakra bringt Inspiration, Einsicht, Wahrnehmung, Weisheit und Vision in unser Leben und kann uns eine unvorstellbare Ekstase bescheren. Entscheidend ist, ob wir uns erlauben, diese angeborene Fähigkeit zu entwickeln. Wenn unser sechstes Energiezentrum – der Sitz des höheren Sehens – blockiert ist, fühlen wir uns möglicherweise von unserer Intuition abgeschnitten oder können unserer Wahrnehmung nicht vertrauen.

Ein Beispiel dafür, wie die Sicht unbewusst blockiert werden kann, finden wir in der Lebensgeschichte von Ray Charles. Im Alter von fünf Jahren musste er mit ansehen, wie sein kleiner Bruder in einem Holzfass ertrank. Ray versuchte, ihn herauszuziehen, doch er konnte ihn nicht retten. Kurz nach diesem traumatischen Erlebnis begann er, sein Augenlicht zu verlieren. Mit sieben Jahren war er vollständig erblindet. Trotz seines immensen Erfolgs als Musiker war Ray Charles als junger Mann heroinabhängig. Sucht kann ebenfalls ein Ausweg sein, wenn wir etwas nicht sehen wollen. Auch wenn Ray Charles seinen Schmerz in Musik verwandeln konnte, baute er offenbar auch innere Mauern auf, um sich vor der schmerzhaften Wahrheit zu schützen.

Wahrheit heilt

Die grauenhaften Dinge, die mein Vater mit mir anstellte, zogen mein sechstes Energiezentrum stark in Mitleidenschaft: *Ich wollte die Gewalttätigkeit meines Vaters nicht sehen.* Ich ließ Cindy das Gewaltmanagement übernehmen – sie speicherte das Grauen ab, bis ich in der Lage war, den schrecklichen Geschehnissen ins Auge zu sehen. Nach meinem ersten verstohlenen Blick in „die Schachtel" folgten viele Jahre innerer Arbeit, bis ich meine intuitive Fähigkeit schließlich auch in Bezug auf mein eigenes Leben zulassen konnte. Allmählich lernte ich, meine eigenen moralischen Grenzen zu respektieren, auf meine Eingebungen zu vertrauen und die entsprechenden Entscheidungen zu treffen.

Ein gestörtes sechstes Chakra kann unser Seh-, Erinnerungs- oder Konzentrationsvermögen beeinträchtigen oder zu Engstirnigkeit und Alpträumen führen. Auch die Fähigkeit, Träume zu erinnern, kann gestört sein. Folgende Körperbereiche sind an dieses Chakra gekoppelt: Gehirn, Nervensystem, Hypophyse und Zirbeldrüse sowie Augen und Nase.

Ein gestörtes oder verschlossenes sechstes Energiezentrum kann zu folgenden Krankheiten führen:

- Kopfschmerzen
- Funktionsstörungen der Nasennebenhöhlen und Stirnhöhlen
- Neurologische Störungen
- Schlechtes Sehvermögen, grüner Star, Altersstar, Makuladegeneration, Blindheit
- Schlaganfall, Hirnblutungen und Gehirntumor

Im sechsten Energiezentrum ist vor allem das Urteilsvermögen angesiedelt. Das sechste und siebte Chakra sind eng mit den endokrinen Drüsen verbunden, die Aufbau und Funktion des

Körpers von den Genen bis hin zum zentralen Nervensystem steuern. Die Zirbeldrüse, auch „Meisterdrüse" genannt, weil sie alle anderen endokrinen Drüsen beeinflusst, hängt ebenfalls mit dem sechsten Energiezentrum zusammen. Diese Drüse schafft eine Verbindung zwischen dem Gehirn und dem Immunsystem und beeinflusst die Verarbeitung traumatischer Erfahrungen im Gehirn. Werden diese gespeichert, so kann das irgendwann zu Allergien und Krankheiten führen.

Intuition oder „Hellsehen" ist oft geächtet in einer Kultur, die ausschließlich vom rationalen Geist beherrscht wird. Unsere westliche Tradition vertraut auf den Intellekt und tut intuitive Fähigkeiten als „Hokus-Pokus" ab. Dennoch hat das öffentliche Interesse am Übersinnlichen in den letzten Jahren immer mehr zugenommen, und beliebte Fernsehsendungen wie *Medium* oder *Psychic Detectives* spiegeln das wachsende Verlangen nach solchen Fähigkeiten wider. Unsere Kultur freundet sich immer mehr mit der Vorstellung an, dass intuitive Fähigkeiten tatsächlich existieren und wir sie bewusst trainieren können. Wir alle haben Zugang zu einem „Seelendetektiv", wenn wir bereit sind, unsere angeborene Intuitionsfähigkeit zuzulassen und weiterzuentwickeln.

Als meine eigene Heilungspilgerschaft mich zu immer höheren Bewusstseinsebenen führte, erinnerte ich mich an Cindys Schachtel und erkannte, dass meine Seele sie mir als Botschaft gesandt hatte: Es war an der Zeit, die Teile meines abgespaltenen Bewusstseins zurückzuholen, die Cindy in der Schachtel aufbewahrt hatte. Ich war nun bereit, mir ein vollständigeres Bild meines Vaters und meiner Mutter anzuschauen – das Gute, das Schlechte und das Hässliche.

Einheitsbewusstsein

Vom Einheitsbewusstsein aus betrachtet sind wir alle eins, und alles, was wir über jemand anderen sagen, trifft auch irgendwie auf uns zu. Selbst die Tyrannen dieser Welt spiegeln die tyrannischen Aspekte eines jeden von uns wider. Je tiefer wir durch die Dualität von „Ich-gegen-Dich" und „Wir-gegen-Sie" hindurch auf den Grund der Einheit blicken können, desto besser gelingt es uns, die Illusion aufzuheben, von den anderen getrennt zu sein.

Bei einem meiner Vorträge meldete sich eine Frau aus dem Publikum zu Wort. Laura, die gerade erst dreißig geworden war, kam nach vorn zum Podium und teilte uns mit, dass sie an Mukoviszidose litt. Diese Krankheit der Atemwege hatte sie bereits beide Lungenflügel gekostet. Nach einer zweifachen Lungentransplantation hatte ihr Körper angefangen, die Organe wieder abzustoßen. Die Ärzte hatten sie daraufhin mit Steroiden vollgepumpt, und sie sah sehr schlecht aus. Sie berichtete, sie hätte vor ein paar Monaten, direkt nach ihrer Lungentransplantation, einen Herzanfall erlitten.

Ich fühlte mich tief in Lauras Körper und Geist ein und sah, dass sie an dem unbewussten Gedanken festhielt, die transplantierten Lungen gehörten „nicht zu ihr". Dieser Gedanke rief unbewusst die Abstoßungsreaktion hervor, die sie umzubringen drohte. Ich wies sie behutsam darauf hin, dass wir in Wirklichkeit nicht getrennt, sondern alle miteinander verbunden sind, und schlug ihr vor, die neuen Lungen ganz real als einen Teil ihres eigenen Körpers zu betrachten. Als ihr das gelang, tauchte in ihrem Bewusstsein ein Licht auf, und Laura entspannte sich spürbar. Sie gab zu, dass sie seit der Transplantation vor knapp einem Jahr von Angst beherrscht wurde. Die mächtige Wahrheit dämmerte ihr mit der Erkenntnis, dass nur sie allein den Wechsel von der Angst in die Dankbarkeit vollziehen konnte. Unterdessen konnte ich ihren Heilungsprozess beschleunigen, indem ich ihr Immunsystem beruhigte, das die Lungen abstieß.

Nichts Böses sehen

Nachdem man bei Mike grünen Star diagnostiziert und ihm geraten hatte, sich die Augen lasern zu lassen, kam er zu mir in die Praxis. Er hatte Angst, seine Sehkraft zu verlieren und suchte Hilfe. Kaum hatte er die Tür zu meinem Behandlungsraum hinter sich geschlossen, sprudelte er mit seiner Geschichte heraus.

Seit fast sechzehn Jahre war Mike Manager und Mitbesitzer eines hübschen kleinen Hotels in einem Urlaubsort. Sein Geschäftspartner, der auswärts wohnte, hatte den Kauf des Hotels finanziert, und ihm gehörte die Hälfte des Unternehmens. Vor drei Jahren hatte Mike eine wunderschöne, liebevolle, reizende Frau namens Emily geheiratet. Seine neue Frau tat ihm sehr gut,

Nichts Böses sehen?

Das Bild der drei Affen – nichts Böses sehen, nichts Böses sagen, nichts Böses hören – ist tief in unser kulturelles Bewusstsein eingegraben. Bis zu einem gewissen Grad betrachten wir es immer noch als eine Tugend, die Wahrheit nicht zu sehen, auszusprechen oder zu hören. Tatsächlich hängt davon aber unsere gesamte emotionale, körperliche und geistige Gesundheit ab.

Sehen, sagen und hören Sie die Wahrheit – befassen Sie sich mit dem, „was ist".

und er war äußerst angetan, als sie Interesse bekundete, im Hotel zu arbeiten. Sie konnte gut mit Leuten umgehen und erwies sich auch als ausgesprochen geschäftstüchtig. Innerhalb weniger Monate beförderte Mike sie zur Empfangsdame. Kurz nachdem sie ihre Arbeit hinter der Rezeption aufgenommen hatte, fiel Mike jedoch auf, dass die Tagesabrechnung nicht immer aufging. Anfangs fehlten nur kleine Summen, später wurden sie größer.

Als erfahrener Geschäftsführer wusste Mike intuitiv, dass diese Unstimmigkeiten nur mit Emily zusammenhängen konnten. Seine Vermutung machte ihm jedoch Angst, und er redete sich ein, dass er nicht sicher sein konnte, welche der Angestellten das Geld unterschlagen hatte.

Mit Rücksicht auf seinen Partner konnte er die Sache jedoch nicht auf sich beruhen lassen. Dieser Konflikt zehrte an ihm. Mike war nicht überrascht, als ich einen Zusammenhang mit seinen Augen herstellte. Ich erklärte ihm, dass die große Anstrengung, die es ihn kostete *nicht hinzusehen*, einen unglaublichen Druck auf seine Sehnerven ausübte.

Als Mike und Emily sich kennenlernten, hatte sie ihm stolz erzählt, sie sei eine „kreative Buchhalterin". Als Studentin verdiente sie ihren Lebensunterhalt, indem sie auf Flohmärkten Sachen für ihre Nachbarn verkaufte. Dabei behielt sie oft mehr als den vereinbarten Anteil ein. Später, als Geschäftsführerin eines kleinen Ladens, ging sie dazu über, kleine Summen zu unterschlagen. Sie rechtfertigte ihr Verhalten damit, dass sie nur ihre unbezahlten Überstunden ausglich. Für Mike war dies jedoch eindeutig Diebstahl. Er hatte das Gefühl, dass Emily sich selbst gegenüber nicht ehrlich war, aber er sagte es nicht.

Wenn Menschen heiraten, heiraten sie nicht nur den Teil, den sie im anderen sehen – sondern auch den Teil, den sie nicht sehen können oder wollen. Mike spürte, dass Emilys Art, mit dem Geld anderer umzugehen, Ärger mit sich bringen würde, doch er entschloss sich, es nicht anzusprechen. Sie spielte ihre kleinen Diebstähle herunter und bestand darauf, dass „schließlich jeder so etwas täte". Direkt darauf angesprochen, musste Mike zugeben, dass er solche Dinge auch schon gemacht hatte. Emily schien weder Schuld noch Scham zu empfinden und fand ihr Verhalten absolut in Ordnung. Ihrer Meinung nach waren solche geringfügigen Vergehen ein Weg, um dem unfairen System eins auszuwischen.

Aus Mikes Sicht war das einzige System, dem sie „eins auswischte", ihr eigenes. Er hatte den Eindruck, dass sie ihnen beiden damit schadete, versäumte es aber, ihr das zu sagen.

Nachdem ich sein Energiefeld gereinigt, ausgeglichen und aufgeladen hatte, sagte ich Mike, dass seine Augenprobleme bestimmt noch stärker würden, wenn er seiner Frau nicht seine ehrliche Meinung über ihr Verhalten sagte. Er hegte die Befürchtung, dass sie ihn dann verließe. Nach längerem Überlegen wurde ihm klar, dass der Verlust seines Augenlichts und seiner eigenen Integrität schwerer wogen. Außerdem hatte er Angst, sein Geschäftspartner könnte die Sache herausbekommen und ihn verklagen. Letztlich kam er zu dem Schluss, dass seine Ehe es nicht überleben würde, wenn er in diesem Punkt nicht ehrlich war.

Mike ging nach Hause und sagte Emily, dass er mit ihrer Rolle in seinem Unternehmen Probleme hätte und bat sie, sich einen anderen Job zu suchen. Er fügte hinzu, dass er über ihren Diebstahl Bescheid wüsste und nicht zulassen könnte, dass sie weiter Geld unterschlug. Daraufhin kam es zu einem heftigen Streit. Aber Mike blieb standhaft, und Emily kehrte in ihren früheren Job im Einzelhandelsgeschäft zurück. Nachdem etwas Gras über die Sache gewachsen war, gab sie zu, dass Mikes Entschlossenheit ihr sehr imponiert hatte. Sein Beharren auf Ehrlichkeit war ein unerwartetes Geschenk für ihre Beziehung. Emily betrachtete ihr eigenes Verhalten in einem neuen Licht. Später gestand sie Mike, ihr sei klar geworden, dass ihr Verhalten von einer alten Wut auf ihre Mutter herrührte – der ersten Autoritätsperson in ihrem Leben, die sie unfair behandelt hatte. Wenn sie sich über Autoritätspersonen erhob und sich das nahm, was ihr nicht gehörte, fühlte sie sich stark. Mikes entschlossenes Handeln unterstützte nicht nur seinen eigenen Heilungsprozess, es verhalf auch Emily zu einer neuen Wahrnehmung, was sich als zusätzliches Geschenk herausstellte.

Einige Monate später stellte Mikes Augenarzt fest, dass sein Augendruck sich verringert habe und keine Operation mehr nötig sei. Mike ist überzeugt, dass diese Wendung auf seine Bereitschaft zurückzuführen war, den Unterschlagungen seiner Frau ins Auge zu sehen und dazu Stellung zu beziehen.

Wenn ein Ehepartner die Lügen des anderen ausblendet, hat das Spannungen und Belastungen für die Beziehung zur Folge. Sich der Wahrheit mit allen Konsequenzen zu stellen, birgt ein Risiko und eine Chance zugleich. In Mikes Fall führte es dazu, dass die Spannungen nachließen und sich seine Augen erholen konnten. *Die Wahrheit heilt.*

Kreative Vision

Die Wahrheit zu verdrängen, kann auch die Kreativität beeinträchtigen, einen anderen Aspekt des sechsten Chakras. James, ein erfolgreicher Drehbuchautor, hatte mit Action- und Abenteuerfilmen ein Vermögen verdient. Er kam wegen einer Schreibblockade zu mir. Früher hatte er die bemerkenswerte Fähigkeit besessen, in Rekordzeit eine Idee in ein Konzept und anschließend in ein fertiges Drehbuch zu verwandeln. Doch vor einem Jahr war seine Kreativität plötzlich erloschen. Nichts inspirierte ihn, er konnte kein Projekt mehr zu Ende führen. Das gefährdete nicht nur seinen Ruf in der Filmbranche, es bereitete ihm auch große finanzielle Sorgen. Im Lauf der Zeit hatte sich seine Familie einen hohen Lebensstandard angewöhnt. Seine Frau war der Ansicht, James müsse sich nur ein wenig entspannen. Sie schlug ihm vor, dass sie sich öfters eine kleine Pause, einen Tageausflug oder auch längere Ferien gönnen sollten. Aber nichts konnte seine kreativen Batterien wieder aufladen.

Als James zum ersten Mal in meine Praxis kam, war er zurückhaltend und skeptisch, was die Heilungsarbeit betraf. Er räumte ein, er habe ursprünglich gedacht: „Schließlich gibt es nichts zu verlieren." Doch er bezweifelte ernsthaft, dass ich ihm helfen könnte. Ich stellte fest, dass sein sechstes Energiezentrum vollständig blockiert war. Als ich ihn fragte, wann seine Probleme begonnen hätten, erzählte er mir folgende Geschichte: Vor ein paar Jahren war ein Produzent wegen eines Actionfilm-Drehbuchs an ihn herangetreten, das James zu Beginn seiner Karriere hatte schreiben wollen. Auch wenn die Geschichte gar nicht mehr James' jetzigem Niveau entsprach, bot ihm der Produzent ein beträchtliches Honorar an, weil er glaubte, aus dem Projekt einen Block-Buster machen zu können. James stammte aus armen Verhältnissen und war stolz darauf, schon in jungen Jahren viel Geld verdient zu haben. Nur selten lehnte er einen gut bezahlten Auftrag ab, und so sagte er zu, obwohl ihm seine innere Stimme dazu riet, das Angebot abzulehnen.

Innerhalb von zwei Jahren schrieb James das Drehbuch zu Ende, doch die Arbeit machte sein Leben regelrecht zur Hölle. Er hatte das Gefühl, sein Leben – und seine Idee – unter Wert zu verkaufen. Außerdem machte er sich Vorwürfe, weil er dem Lockruf des Geldes und dem Versprechen auf einen Kassenschlager auf den Leim gegangen war. Obschon er ein erfolgreicher Drehbuchautor war, hatte er nicht das Gefühl, zu den Besten zu gehören, und er beneidete seine Kollegen, die auf der „A-Liste" standen. In seinem Energiefeld sah ich, dass das Thema des

Films ihm extrem widerstrebte. Die Geschichte war ausbeuterisch und voll überflüssiger Gewalt. James hatte seinen jugendlichen Zorn, seine Inspirationsquelle vor vielen Jahren, schon lange hinter sich gelassen. Ich fragte ihn, ob er glaubte, er habe mit der Arbeit an diesem Projekt seine Werte verraten. Er dachte kurz nach und sah mich dann verwirrt an. Ich fragte direkter, ob er sich mit der Geschichte gut fühle.

Zuerst druckste er ein wenig herum, doch dann gab er zu, dass ihn die Geschichte eigentlich gar nicht mehr interessiere. Er glaube nicht mehr, dass Gewalt eine akzeptable Art der Konfliktlösung sei und fände die Botschaft des Films unverantwortlich. Als James den Zusammenhang erkannte zwischen der Ablehnung seines eigenen Projekts und dem Gefühl, seine Überzeugungen für Geld und Ruhm verraten zu haben, schien sich etwas in ihm zu entspannen. Endlich konnte er sich diese in seinen Augen wenig ehrenwerte Entscheidung verzeihen. Im wurde klar, dass er nicht länger an Projekten arbeiten konnte, die ihm nicht aus dem Herzen sprachen. Von nun an wollte er sein Talent nutzen, um positive Botschaften zu vermitteln. Seine Kinder gaben ihm

Hör darauf, wer du bist

Wenn wir auf unsere Intuition hören, unsere persönlichen Werte achten und unser Handeln damit in Einklang bringen, können wir erhobenen Hauptes durchs Leben schreiten. Wenn wir das nicht tun, leiden wir. Am Ende werden uns die Lügen, die wir uns einreden, auffressen und krank machen. Bleiben Sie sich also treu.

Inspiration, und er hatte keine Lust, weiter „Mist" zu schreiben oder zu produzieren.

Nach mehreren Sitzungen verspürte er eines Tages wieder Lust, sich an seinen PC zu setzen und zu schreiben. Seine Muse kehrte zu ihm zurück – stärker denn je. Heute arbeitet er nur noch an Projekten, für die ihm seine innere Führung grünes Licht gibt.

Dieses Phänomen habe ich oft bei Künstlern beobachtet – bei Musikern, Malern, Fotografen, Schriftstellern und Tänzern. Wenn sie von ihrer Essenz, von ihrem wahren Lebenszweck abgeschnitten sind, verlieren sie ihre Inspiration und sind nicht mehr so kreativ. Uns selbst treu zu bleiben und auf unsere innere Stimme zu hören, ist unerlässlich für ein sinnvolles und freudiges Leben.

Ein ausgeglichenes sechstes Chakra

Wenn unser sechstes Energiezentrum im Gleichgewicht ist, bleiben wir offen und streben nach der Wahrheit. Wir spüren, dass alle Menschen miteinander verbunden sind und lassen uns von unserer Psyche und unserer inneren Stimme leiten. Hellseherische Fähigkeiten sind nur ein Aspekt dieses Zentrums und ihre Bedeutung wird häufig überschätzt. Hellsicht oder die Fähigkeit, über die gewohnte Realität hinauszublicken, ist tatsächlich der unzuverlässigste Faktor auf der feinstofflichen Ebene. Idealerweise ermöglicht das sechste Chakra ein klares Urteilsvermögen, innere und äußere Umsicht und deren praktische Anwendung.

Albert Einstein, der berühmte Wissenschaftler, war auch ein großer Seher. Sein sechstes Energiezentrum war weit geöffnet. Er bleibt der Öffentlichkeit nicht nur als genialer Denker in Erinnerung, sondern auch als derjenige, der die Wichtigkeit der intuitiven Führung für die Erschaffung neuer Technologien, Wissenschaften, Paradigmen, Überzeugungen und Philosophien erkannte. Einstein sagte ungefähr das Folgende: „Die wichtigste Entscheidung, die

Du je in Deinem Leben triffst, ist die, ob das Universum freundlich ist oder nicht." Seiner Überzeugung nach besteht die einzig wirklich lebenswichtige Qualität für den Menschen in der Entwicklung seiner Fantasie. Daraus folgerte er: „Fantasie ist wichtiger als Wissen, denn das Wissen ist begrenzt." Ohne Fantasie und Intuition würde unsere Welt ins Stocken geraten und zum Stillstand kommen. Auf unser eigenes Leben übertragen heißt das: Ohne den Zauber und die Eingebungen unserer Fantasie hätte unser Leben nicht den Glanz und die Strahlkraft, über die es verfügt, wenn unser sechstes Energiezentrum vollkommen offen und zugänglich ist.

Ein weiterer Visionär ist Al Gore. Der frühere Vizepräsident der Vereinigten Staaten verschwand eine Weile aus dem Rampenlicht, nachdem er im Jahr 2000 die Präsidentschaftswahl verlor. Er lehrte dafür an verschiedenen Universitäten und arbeitete als Umweltberater für Wirtschaftsunternehmen, bis er mit dem Oscar-gekrönten Dokumentarfilm *Eine unbequeme Wahrheit* wieder an die Öffentlichkeit trat. Der Film dokumentiert Gores Vorträge und wissenschaftlichen Recherchen zum Klimawandel und konfrontiert die Zuschauer mit Gores ebenso sachkundiger wie beunruhigender Zukunftsvision bezüglich der globalen Erwärmung. Im Jahr 2007 bekam er den Friedensnobelpreis für „seine Bemühungen, mehr Informationen über die von Menschen gemachte Klimakatastrophe zu verbreiten und die notwendigen Maßnahmen aufzuzeigen, eine solche Katastrophe zu verhindern."

Steven Spielberg, der dreimalige Oscar-Gewinner, Produzent und finanziell erfolgreichste Filmemacher aller Zeiten, ist ebenfalls ein echter Visionär mit einem weit offenen sechsten Chakra. Obwohl die USC-Filmschule ihn wegen schlechter Noten dreimal ablehnte, verlor er sein Ziel, Regisseur zu werden, nie aus den Augen. In sehr unterschiedlichen Genres – von Blockbuster-Horrorfilmen über Science Fiction und Abenteuerfilme bis hin zu

Dramen über komplexe geschichtliche Themen wie den Holocaust, die Sklaverei und den Terrorismus – haben seine Filme insgesamt über acht Milliarden Dollar eingespielt. Viele davon handeln von ganz normalen Menschen, die in Kontakt mit außergewöhnlichen Wesen oder Situationen kommen. Genau wie seine familienfreundlichen Filme scheint auch Spielberg selbst die Welt mit kindlichem Staunen zu betrachten. Dieses Gefühl von Vertrauen und Optimismus vermittelt er kranken Kindern mit seiner *Starlight Starbright Children's Foundation*, die die Lebensqualität chronisch erkrankter und todkranker Kinder mit Hilfe von Hi-Tech-Unterhaltungs- und Bildungsprogrammen verbessern soll.

Checkliste

Wenn Sie darüber nachdenken, ob Ihr sechstes Chakra offen und ausgeglichen ist, überlegen Sie vielleicht auch, ob Sie mit allen Bereichen Ihres Lebens im Einklang sind. Die folgenden Fragen werden Ihnen dabei helfen:

1. Nehme ich meine innere Führung wahr und höre auf sie?

2. Leide ich an irgendeiner der Krankheiten auf Seite 147?

3. Träume ich, und kann ich mich an meine Träume erinnern?

4. Habe ich eine Krankheit, deren Beginn mit einem emotionalen Ereignis oder einem unverarbeiteten Verlust zusammenfiel?

5. Denke ich eher in positiven oder in negativen Kategorien?

Wahrheit heilt

6. Habe ich die Angewohnheit, die Wahrheit zu leugnen oder zu ignorieren?

7. Lebe ich nach meinen eigenen Werten und moralischen Verpflichtungen?

8. Fallen mir verschiedene Möglichkeiten ein, um eine Sache in Angriff zu nehmen?

Ziele, Träume und deren Erfüllung zu visualisieren ist eine wunderbare und heilsame Technik für das sechste Chakra. Nehmen Sie sich regelmäßig etwas Zeit, schließen Sie die Augen und stellen Sie sich genau das Ergebnis vor, das Sie sich wünschen – ob es nun um die Arbeit, um Ihr Zuhause oder Ihr Golfspiel geht. Wenn Sie sich für dieses Energiezentrum öffnen, können Sie durch die Weisheit Ihres höheren Selbst innere Führung erlangen. Seien Sie bereit, Ihrer inneren Führung zu folgen.

Ehrlich zu sagen, wer wir sind und was wir wirklich wollen, ist der Schlüssel zu innerem Frieden und einem gesunden Leben. Wenn wir auf uns selbst hören und anerkennen, was wir wirklich fühlen, können wir ändern, was nicht funktioniert, und ein sinnvolleres, zielgerichteteres Leben führen. Wenn wir uns dagegen sträuben, unsere Wahrheit anzuerkennen, müssen wir uns ernsthaft fragen: *Wem dient die Lüge?*

Oft leite ich die Teilnehmer meiner Workshops dazu an, ihr höheres Selbst um Führung zu bitten, und um ein Zeichen, dass sie auf dem richtigen Weg sind. Ich ermutige sie, auf innere Botschaften zu lauschen, die Ihnen eine Zielrichtung vorgeben, und positive, friedliche Ergebnisse zu visualisieren. Dazu ist es manchmal nötig, die eigenen Interessen hinten anzustellen und stattdessen an das Wohl aller zu denken.

Das siebte Energiezentrum

SIEBTES KAPITEL

Es geht nur um Vertrauen

Es gibt bestimmt wenige Fünfjährige, die das Wort Berufung verstehen, doch ich war mir meiner Berufung ganz sicher: Ich wollte Nonne werden. Die ganze Zeit lief ich in einer provisorischen Kutte herum, die ich aus Bettlaken zusammengeschustert hatte, und trug einen riesigen Rosenkranz um die Hüften. Dann steckte ich mir noch einen Kiesel in den Schuh und legte mir zur Buße ein Stück Sackleinen auf die Brust. Ich beneidete die Messdiener, die Latein lernen durften, und versteckte mich während ihres Unterrichts regelmäßig im Chorgewölbe, bis ich die Sprache des Gottesdienstes insgeheim beherrschte.

Als Achtjährige ging ich an einem Regentag während der Mittagspause zu meinem Lieblingsversteck im Chorgewölbe. Ich stellte mir im Geist die Jungfrau Maria vor und schloss meine Augen im Gebet. Als ich plötzlich Pater Fitzgerald die Treppe hochkommen hörte, wusste ich, dass es Ärger geben würde.

„Was machst du hier oben, mein Kind?" fragte er. Ich huschte zur Treppe, doch er packte mich bei meinen Zöpfen und hielt mich fest. Seine Hände umschlossen meine Arme wie ein Schraubstock. Er roch nach Bratkartoffeln. Seine lange schwarze Soutane war bis *zum Boden zugeknöpft; seine schwarzen Schuhe glänzten genauso wie sein fettiges Haar. „Du kleine Verführerin", flüsterte er. „Ich weiß, dass du deinen Vater, der Herr beschütze seine Seele, in Versuchung geführt hast. Es ist meine Pflicht, dich auf den rechten Pfad zurückzuführen." Er hob seine Soutane hoch und stieß mich auf die Knie.*

Vor mir erschien die Jungfrau Maria. Die Falten ihres Gewands kräuselten sich wellenförmig, als sie auf mich zukam. Sie war umgeben von strahlend hellem blauen Licht. Nach einer Weile verschwand sie und ich war wieder allein.

Meine lebenslange Faszination für das Übernatürliche wurde durch den Katholizismus ausgelöst und gefördert. Vielleicht war es mein Versuch, dem häuslichen Leid zu entfliehen. Jedenfalls versenkte ich mich hingebungsvoll in die Geschichten von Jesus, Maria und allen Heiligen und betete inbrünstig, ihre Statuen mögen zum Leben erwachen. Manchmal geschah das auch.

Meine Verschmelzung mit dem Spirituellen wurde meine Rettung, und ich kniete bei jeder Gelegenheit nieder und betete. Als der Gemeindepfarrer, dem mein Vater seine Sünden gebeichtet haben musste, mich auf die Knie zwang, war ich zu jung, um zu verstehen, welches Unrecht mir geschah. Ich nahm es als Strafe dafür, dass ich etwas Böses getan hatte, und fühlte mich noch elender.

Doch mit fünfzehn wurde ich wütend, rebellierte gegen die Kirche und lehnte alles Spirituelle ab. Die Stimme des Geistes war weit von mir entfernt. Sie versuchte zwar bei verschiedenen Gelegenheiten, sich durch meine Intuition bemerkbar zu machen, doch ich hörte kaum hin.

Rückblickend verstehe ich, dass ein großer, übergeordneter Plan am Werk war. Aber mit zwanzig war es undenkbar für mich, dass ich zur Heilerin und Expertin für energetische Medizin berufen sein sollte. Bei diesem Gedanken hätte ich nur gelacht. Ich? Machst du Witze?

Alles begann in dem Sommer, nachdem Eric und ich geheiratet hatten. Ich bekam auf einmal furchtbare Rückenschmerzen und versuchte, sie mit Hilfe von Akupunktur, Massage und Chiropraktik zu lindern, doch nichts half. Als meine Akupunkteurin mir einen Heiler in den Bergen nördlich von Santa Barbara empfahl, warf ich Eric einen flehentlichen Blick zu. Er hob mich geradewegs vom Akupunkturtisch hoch, legte mich auf die Rückbank unseres Pick-Up und fuhr los.

Als wir bei einem abgelegenen kleinen Häuschen ankamen, begrüßte uns ein ziemlich attraktiver junger Mann, der mehr nach einem Surfer aussah als nach einem Heiler. Das strahlende Licht in Peters Augen haute mich um. Er sah mich fragend an: „Ja?"

Eigentlich wollte ich sagen: „Ich bin hier, weil ich Rückenschmerzen habe." Stattdessen erklärte ich: „Ich bin hier, weil ich Gott begegnen will."

Ohne auch nur eine Sekunde zu zögern, erwiderte er: „Nun, dann sind Sie genau am richtigen Ort. Sie liegen bereits in den Wehen. Ich leiste Geburtshilfe."

Ich legte mich auf einen Tisch und Peter strich mit seinen Händen über meinen Körper. Vor mir erschienen Farben, Formen und Wellenmuster, und ich hatte das Gefühl, wie durch eine Spirale immer weiter nach oben zu schweben. Peter forderte mich auf, seinem Atemrhythmus zu folgen. Mein Atem beschleunigte sich, und ich spürte, wie ich meinen Körper verließ. Vor meinem geistigen Auge sah ich einen Mann auf mich zukommen. Ich fragte mich: *Wer ist das*?

Dann erblickte ich einen Heiligenschein um seinen Kopf. *Diesen Mann kenne ich*, dachte ich bei mir, während er immer näher kam. Als ich ihn erkannte, blieb mir vor Staunen die Luft weg: Es war Jesus. So viele Jahre hatte ich mich danach gesehnt, Ihn zu sehen und mit Ihm zu sprechen. Und jetzt stand Er hier, direkt vor mir.

Unter Tränen spürte ich, wie etwas in meinem innersten Kern aufbrach und sich nach außen ergoss. So wie manche Menschen an der Schwelle des Todes ihr Leben wie einen Film an sich vorbeiziehen sehen, blitzten alle Sünden meines Lebens vor mir auf – all die Dinge, bei denen ich mitgemacht, alle Situationen, in denen ich mich selbst entehrt hatte.

Voller Schuldbewusstsein und Entsetzen rief ich: „Es tut mir leid, es tut mir so furchtbar leid! Ich habe mein Leben bis jetzt total vergeudet. Bitte, verzeih mir!"

Das war der Wendepunkt in meinem Leben. Als ich das kleine Häuschen verließ, war alles anders: Der Himmel war heller, die Bäume grüner, und ihre Zweige schienen sich herunterzubeugen, um mich zu begrüßen. Alles glänzte, funkelte und lächelte mich an.

Auf der Rückfahrt zu unserer Farm bat ich Eric, mich bei den Ställen abzusetzen. Ich hatte mein Pferd lange nicht gesehen und wollte Hallo sagen. Dort angekommen, hielt ich einen Schwatz mit der Stallmeisterin. Sie fragte, ob ich schon das Neueste wisse, und gleich waren wir wieder mittendrin und zogen über die Leute her, als hätten wir nichts Besseres zu tun. Blitzartig wurde mir bewusst: *Oh mein Gott, meine alten Gewohnheiten haben mich sofort wieder am Wickel. Das wird schwerer werden, als ich dachte!*

Wir können auf der Startrampe Gottes sitzen, doch es bleibt uns überlassen, ob wir das Göttliche in die Welt bringen. Auch wenn wir immer noch denselben Körper und dieselben alten Verhaltensweisen haben, ist es an uns, makellos zu leben. Wie ich

Vertraue dem Leben, vertraue Gott

Vertrauen Sie gerade in diesem Augenblick auf das Leben? Vertrauen Sie darauf, dass Sie geliebt, beschützt und unterstützt werden? Vertrauen Sie darauf, dass alles zu Ihrem Besten geschieht? Wenn nicht, bitten Sie um mehr Vertrauen. Sprechen Sie die folgenden Worte: „Bitte, zeige mir, wie ich noch mehr vertrauen kann!" Und dann achten Sie auf Zeichen dafür, dass das Leben (und Gott) Sie hören.

selbst nur wenige Minuten nach meiner wundersamen spirituellen Erweckung herausfand, würde es nicht leicht werden, menschlich *und* makellos zugleich zu sein.

An diesem Tag ging ich nach Hause und tat nichts. Ich hörte auf zu arbeiten. Am Tag darauf tat ich immer noch nichts, genauso wenig wie am nächsten und übernächsten. In den folgenden sechs Monaten schwebte ich gleichförmig durch meine Tage, versunken im universellen Bewusstsein. Ich saß auf einem großen alten Baum, starrte in den Himmel, unterhielt mich mit der Natur und meditierte und betete acht bis zehn Stunden täglich. Ich fühlte mich eng verbunden mit dem Mond und schlief manchmal unter dem Sternenhimmel. In meinen Visionen sprach ich mit Jesus, der Jungfrau Maria und anderen Vertreterinnen des göttlichen Weiblichen. Mir war, als besuchte ich eine spirituelle Universität und lernte vierundzwanzig Stunden am Tag. Es war die schönste Erfahrung meines Lebens. Wenn Eric abends nach der Arbeit zu mir in den Garten kam, sagte er jedes Mal: „Du sitzt noch genauso da, wie ich dich heute morgen zurückgelassen habe." Ich war vollkommen verbunden mit der Quelle, dem göttlichen Bewusstsein, nach der ich so lange gesucht hatte: Das Gefühl, eins zu sein mit allem was war, ist und jemals sein wird.

Dann begann ein längerer Testlauf: Widerstrebend war ich in die profane Welt zurückgekehrt. Nun, da ich wieder als Anwältin und Planerin von Hotelprojekten arbeitete, wurde meine spirituelle Anbindung immer flüchtiger. Der stetige Wechsel zwischen den beiden Welten erwies sich selbst in den besten Phasen als ein mühseliger Prozess. Oft vergaß ich, was ich in all den Monaten der Stille und der inneren Einkehr gelernt hatte. Viele Male scheiterte ich an meinen eigenen Idealen und verlor meine leuchtenden Einsichten aus dem Blick. Weitere Prüfungen und Herausforderungen taten sich auf, aber der Schmerz, den ich mir durch meine eigenen Fehler einhandelte, sollte meine Verbindung mit dem Göttlichen nur noch vertiefen.

Das siebte Energiezentrum: Das Kronenchakra

Das siebte Energiezentrum am Scheitelpunkt des Kopfes wird auch „Kronenchakra" genannt. Es verbindet uns mit der geistigen Welt, unserem höheren Selbst und dem Universum. Es reicht tief ins Gehirn bis zur Zirbeldrüse und zur Hypophyse und hängt gleichfalls mit dem Hypothalamus und dem zentralen Nervensystem zusammen. Schließlich ist das Kronenchakra auch mit dem Immunsystem, der Psyche und den Emotionen verbunden. Im siebten Chakra vereinigt sich das Menschliche mit dem Göttlichen, es wird gelegentlich auch als das *Überbewusste* bezeichnet: der Sitz des visionären Geistes, jenseits von Raum und Zeit. Dieses Chakra ist nach außen und nach oben ausgerichtet, es nimmt Lichtenergie auf und durchflutet uns mit transzendentalen Erfahrungen. Wenn dieses Zentrum erwacht, wachsen wir über unsere bloße menschliche Existenz hinaus und eine gewaltige Macht erhellt unser Bewusstsein.

Störungen im siebten Chakra können zu Lernschwierigkeiten, starren Glaubenssystemen, seelischer Abhängigkeit, Zynismus, Apathie, Verwirrung, Über-Intellektualisierung oder übertriebener Identifikation mit dem eigenen Ego führen.

Religiöse Sekten beziehen ihre Kraft aus Störungen des siebten Chakras und bringen es noch mehr aus dem Gleichgewicht. Indem sie ihre Mitglieder dazu zwingen, ihre jeweiligen Glaubenssysteme zu akzeptieren, halten sie Lügen und Fehlinformationen aufrecht. Solche Sekten setzen das Denken in Kategorien von „Wir und die Anderen" bewusst ein, um ihre Anhänger psychisch, spirituell, emotional und sogar sexuell zu missbrauchen und zu kontrollieren – alles im Namen der „Religion". Solche Vereinigungen sind dafür bekannt, dass sie Frauen, Kinder und Jugendliche sowie leicht beeinflussbare Menschen ausbeuten. Oft sind die Anführer solcher extremen Sekten selbst traumatisiert oder wurden durch kontrollsüchtige, tyrannische Patriarchen in die Irre geführt. In fundamentalistischen Mormonenkreisen etwa werden vierzehnjährige Mädchen gezwungen, fünfzigjährige Männer zu heiraten, die bereits mehrere Frauen haben. Das ist ein gutes Beispiel für eine Sekte, die unter dem Deckmantel des „Glaubens" ihre Anhänger ausbeutet.

Auch psychedelische Drogen bringen das siebte Chakra aus dem Gleichgewicht. Manche Menschen dachten, Drogen wie LSD, „Magic" Mushrooms und Ayahuasca könnten ihnen zur Transzendenz verhelfen – einem Zustand des Friedens, der Liebe, der Einheit und der Meisterschaft. Doch wie bereits ein großer Weiser aus Indien sagte: „Mit Hilfe von LSD kannst du durchs Fenster einen Blick auf Jesus erhaschen, doch du wirst ihm nicht von Angesicht zu Angesicht begegnen." Drogen können letztlich sogar dazu führen, dass man sich abgeschnitten und unverbunden fühlt.

Sie öffnen und erweitern die Chakren gewaltsam und ermögli-
chen dem Konsumenten Wahrnehmungen jenseits des normalen
Spektrums. Aber leider ziehen sich die Chakren, wenn der Effekt
der Droge abklingt, noch stärker zusammen als vorher. Gebet,
Meditation, Musik und die Natur sind wesentlich kraftvollere
Werkzeuge, um eine wirkliche Verbindung zum Göttlichen zu
schaffen.

Zu den Krankheiten und Störungen, die in Folge eines unausgeglichenen siebten Energiezentrums auftreten können, gehören:

- Ängste und Depression
- Bipolare Störungen
- Koma oder Amnesie
- Kopfschmerzen, Migräne
- Schlaganfall
- Gehirntumor
- Epilepsie
- Multiple Sklerose
- Parkinson-Krankheit
- Aufmerksamkeitsstörungen (ADHS) und Legasthenie
- Wahrnehmungsstörungen
- Amyotrophe Lateralsklerose (Lou Gehrig-Krankheit)
- Geisteskrankheiten, Schizophrenie und Persönlichkeits-
  störungen
- Demenz oder Alzheimer

Ein gutes Beispiel dafür, wie sich ein gestörtes siebtes Chakra
auswirken kann, ist die Geschichte von Carrie Fisher, der Tochter
von Debbie Reynolds und Eddie Fisher (der seine Familie verließ,

Wahrheit heilt

um Elizabeth Taylor zu heiraten, als Carrie zwei Jahre alt war). Die bipolare Störung, die bei ihr im Teenageralter diagnostiziert wurde, hatte sie vermutlich von ihrer Mutter geerbt, die ebenfalls manisch-depressiv war. Ein weiteres Erbe war die Sucht: Carries Vater war drogen-, spiel- und sexsüchtig. Problembewältigungsstrategien werden genauso an die Kinder weitergegeben wie die Gene. Wegen Kokain- und Alkoholmissbrauchs landete Carrie schließlich in einer Entzugsklinik, woraufhin sie ihren ersten Bestseller *Postcards from the Edge* schrieb.

Sie begab sich erneut in Behandlung, als die Kombination aus ärztlich verschriebenen Antidepressiva und dem Schmerzmittel, das sie nach einer Zahnoperation einnahm, sie süchtig zu machen drohte. Nachdem ihre Kultrolle der Prinzessin Leia in der ersten *Star Wars*-Trilogie schon lange zurücklag, nutzte Carrie ihre schwierige Vergangenheit – zu der eine Ehe mit Paul Simon und ein Kind von einem Mann gehörten, der vergessen hatte, ihr zu sagen, dass er schwul war – und ihre beachtlichen schriftstellerischen Fähigkeiten, um daraus eine One Woman-Show namens *Wishful Drinking* zu machen.

Als ich vor langer Zeit wegen meiner manisch-depressiven Tendenzen einen Psychiater aufsuchte, erklärte ich ihm, dass ich ein wunderbares Gegenmittel gefunden hätte – den Alkohol! Der Psychiater erwiderte: „Na ja, ich sollte Sie wohl darauf hinweisen, dass das auf die Dauer nicht helfen wird."

Dauerhaft helfen konnte eine Therapie hingegen der Schauspielerin Lorraine Bracco. Ironischerweise spielte sie später in *The Sopranos* eine Psychiaterin, die Tony Soprano gegen Depressionen behandelt. Ihre eigenen Depressionen wurden durch eine schwere Lebenskrise in Folge einer Scheidung, einer weiteren gescheiterten Beziehung, einer Auseinandersetzung ums Sorgerecht, eines kranken Kindes und hoher Verschuldung verursacht. Nachdem sie mit Hilfe von Therapie und Medikamenten geheilt wurde, kämpft Bracco jetzt öffentlich gegen die gesellschaftliche Stigmatisierung von Depression.

Die geheimnisvolle Funktionsweise des Gehirns

Bei Menschen, deren Erkrankungen mit dem siebten Chakra zusammenhängen – von Demenz über Gehirntumore bis hin zu Schlaganfällen – ist dieses Energiezentrum häufig beeinträchtigt. Anlässlich einer meiner Vorträge meldete sich ein Mann, der verzweifelt nach einer Möglichkeit suchte, seine Frau von Alzheimer zu heilen. Es handelte sich um eine reizende, etwa fünfundsechzigjährige Frau mit einem unglaublich friedlichen Gesichtsausdruck. Durch ihre Krankheit war sie völlig von der Gegenwart abgeschnitten. Ihr Mann war zornig und verängstigt, und ich hatte großes Mitgefühl mit ihm. Einerseits wollte er, dass ich ihr helfe, andererseits bestand er immer wieder darauf, ihr könne sowieso nichts Linderung bringen. Die anderen Zuhörer mochten diesen Mann nicht, doch er schien gar nicht zu merken, wie er auf andere wirkte. Ich stellte fest, dass seine Frau etwa auf dem geistigen Niveau einer Zweijährigen war. Durch meine Arbeit fühlte sie sich wertgeschätzt und geliebt. Sie spürte, wie das Licht der Heilung durch sie hindurchfloss, wollte jedoch nicht in die Realität zurückkehren. Sie war zufrieden dort, wo sie war.

Meiner Erfahrung nach können Menschen mit Alzheimer die Gegenwart oft nicht ertragen. Sie ziehen sich nach und nach aus ihrem Bewusstsein zurück. Hellsichtig betrachtet sehen ihre Gehirne aus wie ein Schweizer Käse. Alzheimerkranke suchen sich Schlupflöcher, durch die sie der Gegenwart entkommen, weil sie sie – aus welchen Gründen auch immer – nicht mehr aushalten. Schließlich entfernen sie sich ganz und finden keinen Weg mehr zurück.

Wenn Menschen sich durch Alzheimer ins Abseits manövrieren, entdecken sie in verborgenen Winkeln Bedürfnisse oder Eigenschaften, die bisher verdrängt wurden. Eine Verwandte von mir war ihr Leben lang sehr prüde gewesen und hatte Sexualität in Bausch und Bogen verurteilt. Als sie an Alzheimer erkrankte, flirtete sie andauernd mit Männern, lüftete kokett ihren Rock und lebte so ihre Sexualität ohne ihre gewohnte Zurückhaltung und Kontrolle aus.

Das Gehirn ist tatsächlich sehr geheimnisvoll. Wenn die Energie im siebten Chakra ins Stocken gerät, kann sich das Gehirn brutal „rächen": Jack war ein erfolgreicher Geschäftsmann und ein waschechtes „Alpha-Tier". Als er zu mir kam, war er bereits wegen eines aggressiven Gehirntumors operiert worden. Sein Arzt stellte fest, dass ein großer Teil des Tumors nicht operabel war, und riet ihm im Grunde, er solle nach Hause gehen und sein Testament machen. Jack wollte jedoch diese Prognose nicht akzeptieren und zog es vor, mit mir zu arbeiten und sich auf seine Heilung zu konzentrieren, statt zu sterben. Er war unwahrscheinlich offen für meine Vorschläge, fing an, Yoga zu machen und stellte seine Ernährung um. Als tiefer liegenden Grund für seinen Gehirntumor identifizierten wir seinen stressigen Lebensstil und die feindselige Beziehung zu seiner Mutter. Letztere war für Jack eine permanente Spannungsquelle, die er seit langem verdrängte.

Jack reduzierte sein Arbeitspensum und gewöhnte sich einen ruhigeren, gelasseneren Lebensstil an. Sein Gesundheitszustand begann sich zu verbessern. Einzig die Beziehung zu seiner Mutter blieb ungelöst. In seiner Kindheit hatte sie ihn emotional und körperlich missbraucht. Im Erwachsenenalter zeigte sie ihm bei jeder möglichen Gelegenheit ihre Ablehnung. Seine Mutter war der einzige Mensch, dem Jack nicht verzeihen konnte. Er verbrachte nur wenig Zeit mit ihr und mied auch Familientreffen, um ihr nicht zu begegnen. Durch unsere gemeinsamen Anstrengungen konnte er ihr nach und nach vergeben – ein wirklich quälender Prozess, wenn man bedachte, wie schlimm sie ihn sein ganzes Leben lang misshandelt hatte. Als Jack die ersten schmerzhaften Schritte in Richtung Heilung unternahm, erklärte ich ihm, dass Vergebung nicht dasselbe sei wie Versöhnung, und dass er seine Mutter nie wieder zu sehen brauchte, wenn er nicht wollte. Mit fortschreitender Heilung seiner Seele bildete sich auch sein Gehirntumor langsam zurück.

Doch leider nahm seine Geschichte kein glückliches Ende. Völlig unerwartet ließ Jack sich auf eine Einladung seines Bruders und seiner Mutter ein. Die übliche Feindseligkeit seiner Mutter war für ihn so schmerzhaft wie eh und je. Er war sehr wütend auf sie und erklärte mir nach seiner Rückkehr, er könne ihr nicht vergeben – niemals! Drei Monate später war er tot. Vielleicht ließ er zu, dass die Wut ihn zerstörte, um seine Mutter durch seinen Tod zu bestrafen.

Eine weitere körperliche Auswirkung eines unausgeglichenen siebten Chakras können Schlaganfälle sein. Maggie war achtundvierzig, als sie mich in meiner Praxis aufsuchte. Sie hatte bereits zwei Schlaganfälle hinter sich. Der erste ereignete sich direkt nach dem Abschluss ihrer aufreibenden Scheidung, der zweite kurze Zeit darauf. Wir alle haben vom *bösen Blick* gehört: Die gezielte bösartige Absicht eines anderen kann unsere Gesundheit beeinträchtigen. In Maggies Fall war es der Hass ihres Ex-Mannes, der ihrem Gehirn mit jedem seiner Atemzüge ein kraftvolles negatives Signal schickte. Er sagte immer, sie sei „gehirnamputiert". Genau das war die Energie, die er ihr in Worten und Gedanken übertrug, bewusst wie unbewusst.

Als ich Maggie erklärte, dass ihr Ex-Mann ihr eine machtvolle negative Energie schickte, wusste sie sofort, was ich meinte. Während ihrer Ehe hatte sie immer sein zwanghaftes Kontrollverhalten gespürt, selbst wenn sie gar nicht mit ihm zusammen war – und sie spürte es immer noch. Dennoch glaubte sie nicht, dass seine hasserfüllte Energie sie verletzen konnte. Ich versicherte ihr, dass sei sehr wohl möglich, wenn sie ihrer Angst die Oberhand ließ. Wir reinigten ihr Gehirn von den Rückständen negativer Energie, und ich zeigte ihr eine kraftvolle Technik, mit der sie sich in Zukunft vor der Energie ihres Ex-Mannes schützen konnte.

Auch wenn räumliche Entfernung eigentlich keinen Einfluss auf Gedankenmuster hat, riet ich Maggie, jeglichen Kontakt zu ihrem Ex-Mann abzubrechen. Ich spürte, dass das für ihre Heilung wichtig war. Sie war einverstanden und sogar erleichtert, als ich sie darin unterstützte, diese giftige Beziehung aus ihrem Leben zu verbannen. Ich war sehr erfreut, als sie mir später erzählte, sie ziehe an die Ostküste, um dort mit einer alten Freundin aus dem College zusammenzuleben.

Die energetische Medizin verdeutlicht, dass unsichtbare Angriffe uns genauso verletzten können wie körperliche Bedrohungen; sie zieht zusätzlich zu körperlichen Aspekten auch psychologische und spirituelle Faktoren in Betracht, die bei der Entstehung von Krankheiten eine Rolle spielen. In der Schulmedizin ist bisher wenig darüber bekannt, wie sich die Kraft der Gedanken auf den Körper auswirken kann; die integrative Medizin jedoch – eine Kombination traditioneller und alternativer Heilweisen – beginnt langsam, die konventionelle medizinische Sichtweise zu erweitern.

Sich in die Arme der Gnade fallen lassen

Das Schicksal klopft mitunter mehrmals behutsam an unser Bewusstsein an. Wenn wir die leisen Signale ignorieren, verpasst es uns vielleicht einen kleinen Stoß. Manchmal zertrümmert es aber auch die Wand, die wir zwischen unserem Alltag und unserer höheren Bestimmung errichtet haben, und bringt uns an die Schwelle des Wahnsinns oder des Todes. Unser ganzes bisheriges Leben kann dabei auf den Kopf gestellt werden – und doch streckt die Gnade ihre Hände nach uns aus und fängt uns auf, wenn wir fallen.

Ich bin der festen Überzeugung, dass wir nur so lange vor unserem Schicksal davonlaufen können, wie Gott es zulässt. Meine Illusionen wurden zerstört, und ich fiel in die Arme der Gnade, als mein Mann beim Klettern verunglückte. Die permanente Angst, Eric zu verlieren, machte mich halb wahnsinnig, doch am Ende bahnte sie mir den Weg, den ich heute beschreite.

Wir waren gerade von einer Bergtour im Himalaya zurückgekehrt und wollten einen Nachmittag am Lover's Leap klettern, in der Nähe unseres Hauses in den Sierra-Nevada-Bergen. Das Klettern verschaffte mir ein unglaubliches Freiheitsgefühl und beruhigte meinen rastlosen Geist so sehr, dass ich bei unserem ersten Rendezvous zu Eric gesagt hatte: „Klettern ist meine neue Therapie." Wir hatten diese Tour schon oft gemacht, doch meine innere Stimme sagte mir an diesem Morgen, dass wir lieber nicht aufbrechen sollten. Ich verdrängte meine Nervosität und verließ mich wie immer darauf, dass Eric unbesiegbar war und ich unsterblich. In Bergsteigerkreisen waren wir bekannt für unsere waghalsige Angewohnheit, erst spät am Tag aufzubrechen und nie mit einem anderen Team zusammen zu klettern. Ein ums andere Mal forderten wir das Schicksal heraus und waren danach immer sehr euphorisch. *Kein Grund zur Sorge*, beschwichtigte ich meine böse Vorahnung.

An diesem Morgen hatten Eric und ich bei der Fahrt in die Berge einen Streit über irgendwelche Banalitäten. Als wir am Fuß des Bergs eintrafen, sprachen wir kaum miteinander. Er schlug vor, dass ich die Tour anführte. Die Angst durchschoss mich wie ein Blitz. Fühlte er sich etwa dem Aufstieg nicht gewachsen? Ich beschloss, nicht nachzufragen, und nahm die erste Steigung in Angriff. Nach ein paar Metern verzweigten sich die Felsspalten, und ich nahm den leichteren Weg nach rechts. Der Wind bließ kalt und scharf. Wir brauchten eine ganze Stunde für die ersten fünfzig Meter. Statt des Adrenalinschubs, den ich normalerweise erlebte, wenn ich den ersten Felsvorsprung bezwungen hatte, spürte ich Erschöpfung. Eine bohrende Stimme in meinem Kopf flüsterte mir lauter ängstliche Gedanken ein, doch ich schob sie immer wieder beiseite.

Eric rief mir Anweisungen zu, wie ich die Keile für das Sicherungsseil setzen sollte. Aber der Wind blies seine Worte den Canyon hinunter. Durchgefroren und hektisch befestigte ich den Keil. Eigentlich hätte ich noch ein oder zwei weitere Haken anbringen sollen, doch ich setzte nur einen und gab Eric das Zeichen weiterzuklettern. Schließlich sagte er ja immer, der Keil sei „reine Theorie".

Wir wussten beide, dass ein heftiger Sturz die Sicherungen herausreißen würde – beide Kletterer „zu Boden gehen" würden – ein beschönigender Ausdruck dafür, dass man uns zerschmettert am Boden fände. Erst vor einem Jahr hatten wir einen Bergsteigerfreund beerdigt.

Meine Hände am Seil, das uns miteinander verband, waren vollkommen taub. Warum hatte ich nicht daran gedacht, Handschuhe mitzubringen? Eric begann mit dem Aufstieg und wählte die schwierigere linke Spalte mit einem steilen Überhang. Nach langem Warten hörte ich seine Stimme direkt unter mir. Er war jetzt ganz nah, genau unter dem Überhang. Seine nächste Bewegung verlangte enorme Beweglichkeit und einen gut gesetzten Klemmkeil. Endlich hörte ich auf meine innere Stimme und mein Herz setzte aus. Ich rief: „Warte einen Augenblick! Ich muss den Keil noch mal neu setzen!"

Er weigerte sich und rief: „Ich kann jetzt unmöglich anhalten. Ich komme hoch!" Einen Moment später hörte ich ihn schreien: „Ich falle!" Das Seil rutschte in die falsche Richtung und schnitt tief in das Fleisch meiner ungeschützten Hände. Hilflos musste ich zusehen, wie Erics Körper durch die Luft geschleudert wurde. Mit einem lauten Krach landete er am Boden. Sein Stöhnen drang zu mir hoch. Dann war alles still.

Ich rief um Hilfe. Es würde Stunden dauern, ein Notsicherheitssystem zu setzen und allein abzusteigen. Aber Eric brauchte *jetzt* Hilfe. Es war ein Sonntag im April. Ich wusste, dass noch andere Bergsteiger unterwegs waren. Nach einer gefühlten Ewigkeit antworteten Stimmen aus dem Canyon auf meine Rufe. Vier Männer tauchten unter mir auf. Sie sagten, Eric sei noch am Leben, aber bewusstlos. Zwei von ihnen holten Hilfe, während sich die anderen um Eric kümmerten. Ich trat den gefährlichen Alleinabstieg an.

Im Krankenhaus konnten die Ärzte Eric stabilisieren und er kam wieder zu Bewusstsein. Nach ein paar Tagen erklärte mir der behandelnde Neurochirurg, dass eine geschlossene Kopfverletzung dieser Art nicht behandelbar sei. Jetzt konnten wir nur noch warten und hoffen, dass sein Gehirn von selbst heilte. Doch nach einem Jahr hatte sein Zustand sich weiter verschlechtert. Er konnte inzwischen zwar wieder laufen, aber weder lesen noch schlafen. Er konnte sich nicht in einem Raum aufhalten, in dem das Licht oder der Fernseher eingeschaltet waren, und er ertrug es nicht, im Auto mitzufahren. Er schwankte zwischen Erstickungsanfällen, bei denen ich manchmal glaubte, er würde in meinen Armen sterben, und Wutausbrüchen – beides Folgen der Kopfverletzung. Er versank in Depressionen, eine weitere, für uns beide äußerst qualvolle Nebenwirkung.

Unser Haus, das immer als Zwischenstation zwischen Klettertouren und Skiausflügen rund um die Welt gedient hatte, wurde nun zu unserem Gefängnis. Ich verlagerte mein Anwaltsbüro nach Hause und behauptete, ich hätte gar keine Lust mehr zu klettern oder Ski zu fahren. Eric brauchte mich jetzt; mein Platz war an seiner Seite. Er hatte mich immer wieder aus Trinkgelagen, manischen Schüben und meinen eigenen Phasen schwerer Depression gerettet. Er hatte mir mehrfach vergeben und mich auch in den schlimmsten Zeiten immer geliebt – jetzt war ich an der Reihe. Mein Leben, zuvor eine ständige Suche nach dem nächsten Kick, reduzierte sich darauf zu arbeiten und mich um Eric zu kümmern. Tagein und tagaus. Arbeiten und mich um Eric kümmern, das war alles, was es gab. Ich musste es tun, ich wollte es tun, doch meine inneren Reserven gingen langsam zur Neige. Ich befürchtete jeden Tag, verrückt zu werden, falls sich nichts änderte.

Wenige Wochen nach dem Unfall machte sich bei mir eine Sprachstörung bemerkbar – zweifellos eine Stressreaktion. Als ich darüber mit meiner Schwägerin, einer Logopädin, sprach, gab sie zu bedenken, dass es ein Gehirntumor sein könnte. Daraufhin konnte ich überhaupt nicht mehr sprechen! Über

Öffnen Sie Ihren Geist

„Der Geist ist wie ein Fallschirm. Er funktioniert besser, wenn er geöffnet ist." Dieses alte Sprichwort ruft uns die Wahrheit in Erinnerung. Halten Sie Ihren Geist offen und frisch, seien Sie bereit für das Neue. Ein rigides, unbewegliches Denken verhärtet uns und trennt uns vom Göttlichen. Das Göttliche ist immer im Fluss und fordert uns auf, mit ihm zu fließen.

Nacht entwickelte ich eine Allergie gegen bestimmte Lebensmittel. Als ich nach einem Jahr auch noch rätselhafte Symptome im Unterleib bekam, holte ich mir endlich Hilfe. Ich saß im Sprechzimmer meines Gynäkologen, rutschte unruhig hin und her und rief hysterisch: „Ich kann die Kopfverletzung meines Mannes nicht ertragen. Ich ertrage sie keine Sekunde länger."

Ich stand körperlich und geistig vor dem totalen Zusammenbruch, doch ich suchte weiter nach Hilfe, ganz egal welcher, für Eric. Jeden Tag zwang ich mich durchzuhalten. Alternative Heilmethoden gaben uns Hoffnung – und schließlich wurden unsere Gebete erhört. Aber Erics Unfall war nötig, damit ich endlich wach wurde für mein eigenes Schicksal. Zwar schätzte ich mich selbst nicht genug, um es für mich zu tun, doch ich tat es für jemand anderen, den ich sehr liebte. An diesem Punkt *bekam Gott mich zu fassen* – meine Ohren, meine Augen und mein Herz waren weit offen. Die Suche, die mich schließlich zu meiner Berufung führen sollte, hatte begonnen. In den nächsten zwanzig Jahren halfen mir zahlreiche Lehrer und Heiler dabei, eine klare, offene Verbindung mit dem Göttlichen aufzubauen.

Die lange, schwierige Zeitspanne, bis Eric wieder in Ordnung kam, war die dunkle Nacht meiner Seele. Ich musste zu den Abgründen von Verzweiflung und Hoffnungslosigkeit hinabsteigen, damit ich lernte, mich hinzugeben. Ich, die einst so ehrgeizige, schwer arbeitende Frau, musste weicher werden und auf einer tieferen Ebene loslassen, als ich es je für möglich gehalten hätte. Ich musste meine Wut spüren und sie herauslassen. Ich musste mich mit dem auseinandersetzen, was meine Mutter und mein Vater getan hatten, mich ihnen ganz und gar stellen. Ich musste vergeben, vergeben und nochmals vergeben und – das Allerwichtigste – auch mir selbst musste ich verzeihen.

Ein offenes Kronenchakra

Die Voraussetzung für ein vollkommen ausgeglichenes und integriertes siebtes Energiezentrum ist *Hingabe*; sie ist ausschlaggebend in einem erwachenden Energiesystem. Das größte Paradox von allen geschieht durch diese Hingabe an das Göttliche. Indem wir alles loslassen und uns etwas Größerem hingeben, geben wir auch unser kleines Ego auf und machen Platz für unsere höhere Bestimmung. Wenn wir das schaffen, fließt uns alles einfach zu. Hier im siebten Chakra erfahren wir die Wahrheit: In Wirklichkeit gibt es nichts zu suchen. Wir sind alle miteinander verbunden. Wir sind alle eins. Wenn wir diese Wahrheit verinnerlicht haben, wissen wir *alles*.

Ein Mensch mit einem offenen Kronenchakra ist ein wunderschöner Anblick. Bei einem meiner Seminare lernte ich einen Mann kennen, der ein leuchtendes Beispiel dafür war. Er saß in der zweiten Reihe und meldete sich eifrig, weil er hoffte, dass ich ihn aufs Podium holen würde. Er war etwa dreißig Jahre alt, über einen Meter achtzig groß und sehr attraktiv. Als ich auf ihn zeigte, sprang er auf und kam leicht humpelnd auf mich zu. „Wie kann ich Ihnen helfen?", fragte ich.

Er berichtete von seinem Unfall in Montana, bei dem sein Lastwagen über eine Klippe gestürzt war. Er wurde aus dem Wagen geschleudert und der Laster überrollte sein Bein. Er harrte mehrere Tage am Grund der Schlucht aus, bis ihn jemand fand. Das verletzte Bein musste amputiert werden, bei dem verbliebenen Fuß waren die Nerven beschädigt.

Ich setzte mich neben ihn auf eine kleine Treppe und nahm seinen Fuß auf meinen Schoß. Als ich ihn fragte, was der Arzt dazu gesagt hatte, erwiderte er: „Ich bin nicht krankenversichert, deshalb habe ich niemanden konsultiert."

Ich sagte: „Ich finde es beeindruckend, wie Sie mit dieser Herausforderung fertig geworden sind."

Er lächelte und erwiderte: „Ich versuche mein Bestes." Und das spürte man auch deutlich. Er hatte sein Schicksal akzeptiert, es gab keine Spur von Selbstmitleid, Ärger oder Resignation. Seine Bewusstheit und Offenheit auf der Ebene des sechsten und siebten Chakras waren stark ausgeprägt. Alle Anwesenden waren tief berührt von der Präsenz dieses Mannes.

Ich arbeitete daran, seine Verbindung mit der Quelle noch zu verfeinern. Er hatte bereits eine sehr starke spirituelle Anbindung und ich half ihm dabei, sie noch zu vertiefen, indem ich ihm auch den letzten Rest von Sorge und Angst nahm, der noch in seinem Energiefeld hing. Angst, Furcht und Ärger blockieren unsere Anbindung an das Göttliche. Das ist einer der Gründe, weshalb wir beten oder daran arbeiten, unsere Gefühle loszulassen, damit unser Kronenchakra offen und durchlässig für das göttliche Licht wird. Ein ausgeglichenes siebtes Chakra erlaubt uns, ein freies Leben zu führen, ganz auf unserem Weg zu bleiben und selbstlos zum Wohl aller Wesen beizutragen.

Ein Beispiel für einen Menschen mit einem integrierten siebten Chakra ist Bono, der Leadsänger und Songwriter von U2, der sich mit seinem Ruhm und seinem Vermögen für die AIDS-Aufklärung einsetzt. Weitere Themen, für die er sich stark macht, sind die Armut in Afrika, der Schuldenerlass für die Dritte Welt und humanitäre Einsätze in Krisengebieten wie Darfur. Bono, ein Mitglied der Rock'n Roll Hall of Fame, besitzt einen ganzen Koffer voller *Grammys* und einen *Golden Globe*. Er wurde für sein langjähriges humanitäres Engagement vielfach ausgezeichnet; unter anderem war er dreimal für den Friedensnobelpreis nominiert, ist Mitglied der *Légion d'Honneur* in Frankreich und *Knight Commander of the Order of the British Empire*.

Bono, der seine Bewunderung für Dr. Martin Luther King Jr. immer wieder öffentlich betonte, wurde auch zum „Gesicht der globalen Menschenliebe" ernannt, eine Anspielung auf sein Talent, so unterschiedliche Geldgeber wie hohe Regierungsbeamte, religiöse Institutionen und große Wirtschaftkonzerne wie Gap, Armani, Converse und American Express dazu zu bewegen, ein Prozent ihres Umsatzes für seine Weltweite Stiftung zur Bekämpfung von AIDS, Tuberkulose und Malaria zu spenden. Auf einer Afrikareise, bei der er für einen Schuldenerlass für die Dritte Welt warb, sagte Bono zu den Reportern: „Es gehört zu den grundsätzlichen Menschenrechten, dass man wieder von vorn anfangen und sich von den Sünden der Väter befreien kann." Er sprach auch davon, „aus Träumen Taten werden zu lassen".

Ein Schauspieler, der die Störungen seines eigenen Kronenchakras in Hilfe für andere Menschen umwandelte, ist Henry Winkler, der „Fonz" in der Serie *Happy Days*. Winkler erwarb in jungen Jahren ein, wie er es nannte, „hochgradig entwickeltes niedriges Selbstwertgefühl", als er sich wegen seiner Legasthenie mit seinen Lehrern anlegte. Um anderen Legasthenikern zu helfen, wirkte er als Co-Autor bei „Hank Zipzer, *the World's Greatest Underachiever*" mit, einer zwölfteiligen Kinderbuchreihe über einen Jungen in der vierten Klasse, die Millionen von Kindern mit Lernstörungen half. Außerdem engagiert er sich für Patienten mit zerebraler Kinderlähmung, die Paralympics und die Epilepsieforschung und sorgt mit der Toys for Tots-Kampagne dafür, dass Kinder aus sozial schwachen Familien Zugang zu Spielzeug bekommen.

Eine weitere Persönlichkeit, deren Handeln von großer Einsicht zeugt, ist der berühmte Schauspieler Michael J. Fox, der nicht zuließ, dass die Parkinsonsche Krankheit ihm seinen Lebensmut raubte. In seiner Autobiographie *Lucky Man* schrieb der einstige rauflustige „Armeezögling" über seine Krankheit:

„... diese unerwartete Krise zwang mich zu einer grundlegenden Entscheidung: Ich musste entweder stur gegen die Krankheit ankämpfen – oder mich auf diese Reise einlassen. Mut, Akzeptanz, oder Weisheit – was auch immer mich schließlich dazu brachte, den zweiten Weg zu nehmen (nachdem ich ein paar katastrophale Jahre auf dem ersten verbracht hatte), war zweifellos ein Geschenk – und ohne diese neurophysiologische Katastrophe hätte ich das Geschenk nie ausgepackt und wäre nicht so reich beschenkt worden. Deshalb halte ich mich für einen glücklichen Menschen." Die Michael J. Fox-Stiftung für Parkinsonforschung hat über einhundertfünfzehn Millionen Dollar aufgebracht, um Behandlungsmethoden für die Parkinson-Krankheit zu erforschen und zu entwickeln.

Checkliste

Wenn Sie wissen wollen, ob Ihr eigenes Kronenchakra offen und ausgeglichen ist, schauen Sie sich die folgende Checkliste an:

1. Habe ich irgendeine der Krankheiten, die auf Seite 168 aufgelistet sind?

2. Tendiere ich zu der Annahme, dass meine Überzeugungen die einzig „richtigen" sind?

3. Vertraue ich einer höheren Macht, oder fühle ich mich von Gott verlassen?

4. Bin ich wütend auf Gott wegen eines Verlusts, den ich in der Vergangenheit erlitten habe?

5. Fühle ich mich ausgeschlossen und glaube ich, dass mein Leben hart und schwer ist?

6. Vertraue ich darauf, dass ich hier sicher bin und das Universum mich unterstützen wird?

7. Habe ich ein Ritual, um mich mit Gott oder der Natur zu verbinden?

8. Sehne ich mich nach der magischen Verbindung, die ich als Kind mit dem Universum hatte?

9. Lebe ich meine Bestimmung in der Welt mit Freuden aus?

10. Kann ich mir vorstellen, dass ich mit allen und allem verbunden bin?

Unser Bewusstsein übersetzt die spirituelle Anbindung in eine uns vertraute Sprache. Für einige von uns ist dies die Religion, mit der wir aufwuchsen, für andere ist ein selbst gewähltes Glaubenssystem sinnvoller. Wie Ihre Überzeugungen oder Ihr spiritueller Weg auch aussehen mögen – seien Sie gewiss, dass sich das Göttliche in der Sprache und in der Bilderwelt manifestieren wird, die Ihnen am vertrautesten ist. Laden Sie das Göttliche täglich durch Gebet, Meditation oder Gemeinschaft mit der Natur in Ihr Leben ein. Oder verbinden Sie sich wie ein Ausdauersportler durch körperliche Anstrengung damit.

Seien Sie geduldig, wenn Sie diese Verbindung öffnen. Solch ein Prozess verlangt Behutsamkeit, Willen, Wahrheit und manchmal auch Disziplin. Ehren Sie ihre gegenwärtige Kommunikation mit dem Göttlichen, dann wird Ihnen die Wahrheit den Weg zu höheren Ebenen bahnen.

Die Wahrheit heilt – auf allen Ebenen.

Epilog

Wenn *die Wahrheit heilt*, warum fällt es uns dann so schwer, sie auszusprechen? Warum haben wir in unserer westlichen Kultur so große Angst davor? Warum fürchten wir uns ausgerechnet vor dem, was uns befähigen könnte, uns besser, reicher, ruhiger, verbundener, unterstützter und friedlicher zu fühlen?

Das ist eine Frage, die man sich unbedingt stellen sollte. Und berücksichtigen Sie auch die Alternative. Stellen Sie sich eine Welt vor, die sich der Wahrheit verpflichtet fühlt. In der Nike uns mit dem Slogan *Wahrheit – leb sie einfach* überzeugt. Und in der das Milk Advisory Board sich mit der Frage *Haben Sie heute schon ein Körnchen Wahrheit zu sich genommen?* um unsere Gesundheit sorgt. In der Politiker uns mit einem *Programm für die Wahrheit* begeistern. Und in der die Kreditkartengesellschaften uns daran erinnern: *Wahrheit – gehen Sie nie ohne sie aus dem Haus!* Stellen Sie sich eine Welt vor, in der unsere Freunde, Eltern, Geliebten, Partner, Kollegen und Patienten uns dafür lieben und respektieren, dass wir die Wahrheit sagen, und in der sie nichts anderes von uns hören wollen.

Stellen Sie sich folgende Fragen:

- Wieviel Zeit widme ich täglich der Wahrheit?

- Wie viele belanglose kleine Lügen habe ich heute schon erzählt?

- Wie oft habe ich heute schon meine wahren Gefühle überspielt, um mein Gesicht nicht zu verlieren oder jemand anderen nicht vor den Kopf zu stoßen?

- Wie sähe mein Tag, die nächste Stunde, der nächste Augenblick, der heutige Abend oder der kommende Morgen aus, wenn ich tatsächlich beschließen würde, die Wahrheit zu sagen?

- Was würde sich verändern?

Stellen Sie sich diese Aufgabe und warten Sie ab, was passiert. Lassen Sie sich von Ihrem Leben und Ihren Lieben überraschen. Damit werden Sie die anderen überraschen, und Sie selbst werden staunen, wie viel besser Sie sich fühlen und wie viel leichter das Leben Tag für Tag wird. Schließlich *können* wir mit der Wahrheit leben.

Spüren Sie, wie Ihr Körper aufatmet? Aaaahhhhh! Ein langer, erleichterter Seufzer. So fühlt es sich an, wenn wir die Wahrheit sagen, nach der Wahrheit fragen, die Wahrheit erfahren und sie leben. Ein langer, erleichterter Seufzer voller Freude, Dankbarkeit und Zufriedenheit. Es gibt nichts Besseres.

Vielleicht stören sich manche Leute eine Zeit lang an Ihnen, wenn Sie beginnen, Ihre Wahrheit zu leben. Aber irgendwann werden die anderen merken, wie Sie sich verändert haben, und sie werden Sie darum beneiden. Die Wahrheit zu sagen ist ansteckend. Wir alle wünschen es uns von den Politikern, die wir gewählt haben, und von den Vorstandsvorsitzenden der großen Unternehmen, und wir fänden es toll, wenn die Medien die Wahrheit berichten würden – aber haben wir den Mut, es von uns selbst zu verlangen? Tun Sie es, legen Sie den Grundstein in Ihrem eigenen Leben, stecken Sie die anderen damit an und lassen Sie es geschehen ... und Ihr Leben wird sich verwandeln.

Wahrheit heilt

Stellen Sie sich eine Welt vor, die auf Wahrheit aufgebaut ist. Stellen Sie sich diese Welt vor für unsere Kinder und Kindeskinder.

Ich tue es bereits.

Zur Autorin:

Deborah King ist eine gefragte Heilerin und Gesundheitsexpertin. Die frühere Anwältin änderte nach einer Krebsdiagnose mit 25 ihr Leben radikal und stellte sich ihrer traumatischen Missbrauchs- und Suchtvergangenheit. Ihre langjährige Suche nach Heilung führte sie zu Therapeuten, Weisen und Schamanen auf der ganzen Welt.

Mit einer eigenen kraftvollen Technik und intuitivem Gespür zeigt sie Tausenden von Menschen einen Weg aus Krankheit, Verdrängung und Schmerz und hilft ihnen, die tieferen Ursachen von Abhängigkeit, Depression, Gewichtsproblemen, Gewalt und Beziehungskonflikten zu verstehen.

Deborah King ist ein gefragter Gast im amerikanischen Fernsehen und moderiert ihre eigene Hörfunksendung.

www.truthheals.com
www.deborahkingcenter.com

DeborahKing.de

Videos, Interviews & News
im offiziellen deutschen Blog von Deborah King

011 großer Workshop & Ausbildung zum Thema neue Energie-Medizin
geplant. Anfragen und Vormerkung ab sofort unter der
tickets@deborahking.de möglich.

... hier geht's weiter!

Verehrte Leserin, verehrter Leser,

wir laden Sie herzlich ein, mit uns neue, inspirierende und multimediale Wege zu gehen.

ONLINE

informieren – austauschen – mitwirken – begegnen

Nutzen Sie die vielen Möglichkeiten unserer Website.

- Info-Pakete & Online-Kurse
- Mitschnitte & Tageslosungen
- Aktionen, Foren & Newsletter
- Communities in „mein.weltinnenraum.de"
- Blogs und Vlogs u. Ä.

Wir freuen uns auf Sie

Ihr

Joachim Kamphausen, Verleger

weltinnenraum.de

J.Kamphausen | Mediengruppe